JN098584

黙飯
MOKU MESHI

男のグルメガイド

FUTABASHA

黙飯
MOKU MESHI

Interview

皆さん初めまして、『黙飯』です。

って言っても、このチャンネルは一人で運営しているわけではなく、編集、撮影を含め10人で頑張っている、チームの作品なんですけどね（笑）

それこそ最初は、よく飲みに行く地元の友人たちとノリで始めたようなもので、仲間内のキャンプ動画を半年ぐらい投稿していました。今となっては、恥ずかしくて、たまにふざけて観たりするぐらいで、全部非公開にしましたけど（笑）　今考えると、チャンネルの方向性も全く違いますね。

今の形態のチャンネルになったのは、2〜3年前で、ご飯を食べるのが好きだったので、大阪にある「やまき」さんの動画を投稿したら、今までにないぐらい多くの方に見ていただけて、そこで初めて手応えを感じました。熱意を持って一生懸命取材すること。お店の方へのリスペクトを忘れない気持ちが大事だと思いました。

その気持ちは今も大切にしています。

それでも最初は、撮影、取材ともに苦労ばかりで、伝説レベルの『丸鶴』さんには、迷惑かけたなって思います。若いスタッフの熱量に欠けた取材姿勢がどうしても許せなく怒った事がありました。大将の元へ謝罪に行ったのですが、怒るどころか「誰にも文句言われないぐらいの良い動画を作って見返してやれ」って言っていただいて、その言葉をきっかけに、そのスタッフが今や、チームの主力になりました。

やっぱり、プロの職人さんの、仕事に対する姿勢や、懐の深さからは勉強させていただくことばかりです。凄い方々と直接関わらせていただけることに日々感謝してます。

この本を手に取っていただいた皆さんにも是非、この店主さんに会ってみたい！このお料理が食べてみたい！と思ってもらえると嬉しいです。

それでは、ぜひ、名店の味をご堪能下さい！

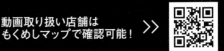

動画取り扱い店舗は
もくめしマップで確認可能！　>>

目次 CONTENTS

黙飯
MOKU MESI

黙飯
MOKU MES

第①章
個性マシマシ

ご飯がおいしすぎる雀荘にギャル御用達のパリピ店…

絶品店

そんじゃそこらのカフェでは味わえない衝撃をいざ実食!!!

末廣家

吉村家直系王道の味継承店

【店舗情報】

【店名】吉村家直系王道の味継承店 末廣家
【住所】神奈川県横浜市神奈川区六角橋1―14―7
【営業時間】11〜21時（通し営業）
【定休日】日曜日、月曜日

「永久保存版！家族で作る吉村家直系店の
厨房潜入撮影！」

家系総本山『吉村家』直系!!

吉村家のラーメンに恋した店主
弟子入り・修業を経て直系店開業

　店の入口には、「家系ラーメン総本山　吉村家認定　王道の味継承店　末廣家」の大きな垂れ幕。「22歳の時に初めて吉村家のラーメンを食べた。当時は豚骨ラーメンなど世にない頃。とてつもなく美味かった」と店主。弟子入り、修業を経て開店したのが『末廣家』なのだ。2人の娘、息子に加え義理の息子、奥様も大戦力。「俺一人じゃ、何もできないよ。スタッフがみんな頑張ってくれているから」と言う店主は、雑用も率先してこなす。「厨房に上下関係はない」「スタッフはみんな家族みたいなもの」と語る店主の目標は、「自分の金儲けがてっぺんにある訳ではなく、食べに来て頂いたお客様は勿論、店で働く従業員全員が幸せになってくれることが最大の目的」。吉村家直系で最高の店との声多数。

10

麺は吉村家と同じ酒井製麺の短めの中太麺。具はチャーシュー、こだわりの海苔にホウレン草が乗る。スープには冷凍ではなく、国産の生のガラを使用。醤油の層があり、その上に豚骨の油が薄く膜を張る。更にその上に鶏油が分離するといった三層での特殊な仕上がりとなる。他の家系とは全く違ったスープとなっている。上と下では味が違う。究極の三重奏。

ラーメン（850円）

妥協なき修羅のラーメン道

毎朝50or100kgを焼き上げる 究極の釜焼きチャーシュー!!

特注の釜で焼かれたチャーシューは、焼き製法でありながらノーマル、スモーク2段階、3段階に加え、低温長時間仕込みで、レア感を全面に出すなど、独自で焼き上がりを変えている。完全に熱が入る一歩手前を見分け、熱々のスープに乗せた瞬間、グッと締まり、そこで初めて完成するといった、極めて計算し尽くされた出来栄えだ。

お待ち帰り用チャーシュー塊は予約でないと手に入らない程の人気。

チャーシューにも秘密

ホルモン焼きじゃんぼ

夜に2時間のみ営業

ホルモン焼・らーめん・ぎょうざ
じゃんぼ
TEL 0467-57-5785

爆売れ神チャーハン

「チャンスは2時間...食べるの激ムズのホルモン屋の
神チャーハンが凄い」

店舗情報

【店名】ホルモン焼きじゃんぼ
【住所】神奈川県茅ケ崎市浜竹4−7−53
【営業時間】17〜20時
【定休日】月曜日、火曜日

〆ラーメンのハシゴ不要!

サーファー＆地元民が絶賛する人気店
「上ホルモン」「豚タン」「のどもと」は注文必至!!

　"サーファーの聖地"茅ケ崎で、サーファーはもちろん、地元の人々に愛される名店。笑顔がまぶしい気さくな店主が仕込んだ上質のホルモン＆焼肉と、中華メニューが堪能できる。「焼肉屋と町中華が合体した感じの店。安いしどれも美味い!」とは常連の弁。豚メニューは、特製のタレにからめた「上ホルモン」（750円）、塩コショウやレモンで食べるのがオススメの「豚タン」（650円）、1人前を豚3〜4頭から取る希少部位「のどもと」（650円）など充実。常連は「かしら」（650円）がよく出るという。

コリコリッホルモン

もつ煮込み（700円）

たっぷりのホルモンが入った「もつ煮込み」（700円）は、ボリューム満点。こんにゃくは味が染みるようにと、店主が大きな手でちぎって仕込む。凍ったジョッキで楽しむ生ビール（呑兵衛にはうれしい「大生」もあり）との相性は抜群。キムチも頼めば〝無限ビール″に。お持ち帰りもできる人気メニューだ。

チャーハン（650円）

この店のチャーハンが一番美味い――と証言する常連多数。自家製チャーシューにネギ、なるとが入った町中華の王道チャーハン。父親が中華料理店を営んでおり、そこで修業したという店主。焼き肉屋ながら鉄鍋を振る音がこだまする。並で通常店の大盛りサイズなのもうれしい。チャーハン目当ての客、お持ち帰り注文する客多数。

「焼肉＋町中華」のハイブリッド店

家族で！友達と！恋人と！ホルモンを囲む素敵な日

店内は座敷席を中心におひとり様用、カップルで食べられるカウンター席も。七輪を囲んで食事するため、食欲をそそる。午後から始まる仕込み中から予約の電話がばんばん入る人気店。開店は午後5時。土日、祝日に営業しているのもうれしい。メインの豚メニューだけではなく、牛メニューも豊富。「つくね」などの鶏も食べられる。〆に頼む客が多い「ラーメン」（650円）、大きな羽根つきの「湘南餃子」（550円＝5個入り）も人気メニュー。「元祖湘南餃子」として、「全国餃子まつりin仙台2023」などに出店しているだけに、店主も自慢の一品。神奈川県のブランド豚「やまゆりポーク」が使用されている。キクラゲがたっぷり入った「ソース焼きそば」（800円）も〆に最適。

ソース焼きそば（800円）

ガラパゴス 高田馬場店

健康マージャン＆居酒屋麻雀

【店舗情報】

【店名】居酒屋麻雀ガラパゴス高田馬場店

【住所】東京都新宿区高田馬場1ー5ー19 KFビル2F

【営業時間】10〜23時半

【定休日】休みなし

めしが旨すぎて 180万再生
儲からない雀荘

▶「カレーオムライス海鮮丼←全部レベチ。料理に全振りマージャン店の極旨メシ」

料理屋レベルの食事が

午前中からシルバー世代が殺到 夕方からは居酒屋モード雀荘に

学生の街・高田馬場の雑居ビル2階に入る麻雀店『ガラパゴス』。実は同店、「ご飯が美味しすぎる雀荘」なのだ。10〜16時半の「健康麻雀」の時間帯は、シルバー世代で大賑わい。おじいちゃん、おばあちゃんが元気に談笑し麻雀を打ち、美味しい料理に舌鼓を打つ。17時からは「居酒屋麻雀」モードへチェンジ。1時間400円のゲーム代を支払い楽しんでもよいが、4000円でゲーム代、食事、おつまみ、アルコール飲み放題付の超お得コース類が充実している。

おばあちゃん一人でも楽しめる店

14

荘のメニューで出てくるレベルの海鮮丼ではない。「日替わり海鮮丼」(〜1200円)は常連から大人気。早朝に店主が市場に行って仕入れたマグロ、タイ、カンパチなどの鮮魚をふんだんに使用。ダシの効いたみそ汁もついてくる。写真の日は、海鮮丼は大トロ付きの豪華版。

日替わり海鮮丼(〜1200円)

主はもともとカレー専門店を営んでいたという。プロのカレー(「超熟牛カレーライス」750円)が麻雀店で食べられるのはうれしい。他にも、「豚キムチ炒め丼」(750円)、「豚しょうが焼き丼」(750円)、本格麻婆豆腐丼(800円)、「焼きそば」(750円)など充実。2種類ある「日替わりメニュー」(700〜900円)もお得で美味しい。「シューマイ(5個入り)」(400円)などの軽食メニューも。

超熟牛カレーライス(750円)

楽しめる超異色「雀荘」

役満級のうまさ!!
食事目的での雀士まで現れる!!

「麻雀が楽しめて、美味しいご飯が食べられて、飲み放題」という神コンセプト。「こんなことしていたら儲けは薄くなるけど、お客さんに喜んでもらうことを考えていたら、こうなった(笑)」と語る店主。雀荘は、父親の代から数えると開店してゆうに50年を超えるという。写真は、この日の日替わりメニューのカンパチの煮つけと、たっぷりの鶏肉と5時間煮込んだデミグラスソースがかかった「チキンオムライス」(900円)「バニラアイスクリーム」(350円)とデザートまでそろう。取材した日、ひとりで来店したおばあちゃんは、健康麻雀の時間を満喫したかと思ったら、そのまま居酒屋麻雀へと突入。「芋のロック」を片手に牌を切る姿が、かっこよかった。

チキンオムライス(900円)

渋谷繁華街の町中華

渋谷の若者達が集まるワケ

「渋谷の若者達が深夜に続々と食べに来る昭和の町中華の謎を解明」

黙飯
MOKU-MESHI

ラーメン王 後楽本舗

店舗情報

【店名】ラーメン王後楽本舗
【住所】東京都渋谷区道玄坂2丁目7−4 清水ビル1F
【営業時間】24時間営業
【定休日】無休

渋谷のど真ん中にある

ちょっとイカついイケおじの店主と
仕事きっちり昭和男オールスターズ

若者が行き交うお洒落タウン、渋谷――。この地で人気のラーメン店と聞くと、「創作イタリアンのシェフがラーメンを出す店」みたいなしゃらくさい人気店が思い浮かぶが、大間違い。どでかいネオン看板に「ラーメン王」の文字。L字カウンターにテーブルが2卓の店内は、昭和の雰囲気がむんむんに立ち込める。往年の演歌歌手を思わせるイケおじの店主をはじめ、スタッフも男の哀愁漂う昭和オールスターズ。何を食べても"間違いない味"だが、取材中、常連客が絶賛したのが写真の「天津丼」（650円）だった。普通の天津丼と違い、ネギとチャーシューをのせたご飯に卵と餡がたっぷりかかった逸品。

天津丼(650円)

チャーハン(650円)

「チ」チャーハンも人気メニュー。卵、チャーシュー、ネギの王道の具材を店主がパラパラしっとりに仕上げる。「チャーハンにバターをトッピングすると激美味です」と、自分なりに"チャーハンの向こう側"を編み出した常連も。スープ付き。「深夜に食べるこの店のチャーハン&餃子が最高」の声も多数。

チャーシューメン(750円)

「数」多のメニューを食べて「最後はここに戻ってくる」と常連が言う「醤油ラーメン」(600円)。チャーシュー、ネギ、メンマに海苔の町中華ラーメンの王道コンボ。下処理をした豚骨を主体にした澄んだスープは旨味たっぷり。肉の味が強いチャーシューをマシマシにした「チャーシューメン」(800円)や、塩ラーメンに炒めた野菜、バターをのせた「バターラーメン」(700円)も絶品。

昭和町中華の超名店

24時間戦えますか──365日営業の町中華ブルース

同店の特徴は24時間営業(途中、清掃などで小一時間店を閉めることはあり)。バブル期に流行ったドリンク剤のCMは「24時間戦えますか」だったが、令和の御代にこれを地で行く。なおかつ、基本年中無休。店主の巧みな鍋振りで提供される料理は、どれも"音速レベル"。取材中、若い女性客が席についてアウターを脱ぐなどしている間にチャーハンが届き驚かされた。客層は中高年のおじさん、サラリーマン、ガテン系若者、OL、ギャル、クラブ帰りの渋谷系男女などさまざま。普段は行き交わないであろう老若男女が、この店では仲良く料理を楽しんでいる。美味いものは世代を超えて残るのだ──。

昭和と令和の奇跡の融合!!

「深夜1時超満席。歓楽街の真夜中、女性1人客の多い
爆売れ最強町中華。」

昭和レトロな「ザ・町中

カウンター席中心の「ザ・町中華」
若い女性のおひとり様も多い優良店

　創業昭和38年——チェーン店の急速な普及で失われつつある町中華の伝統を今に伝える名店。カウンター席メインのレイアウトは、「回転寿司屋を改装したため」だという。そのためか、1人で来店する客が多く、若い女性のおひとり様も目立つ。年中無休で月～土曜日は深夜2時まで営業しているのもうれしい。写真は人気の「昭和玉子チャーハン」(550円)。

懐かしい味の人気メニュー

昭和玉子チャーハン(550円)

黙飯
MOKUMESHI

千里飯店

【店舗情報】

【店名】千里飯店

【住所】神奈川県藤沢市南藤沢3・3

【営業時間】11時～15時半／17時半～26時（月～土曜日）／11時～21時（日曜・祝日）

【定休日】無し

昭和ラーメン（550円）

門店では「1杯1000円超えも珍しくない中、当店の「昭和ラーメン」(550円)は、うれしすぎる。スープは鶏ガラ、豚ガラ、野菜でダシをとっており、かえしの醤油と相まって、懐かしく奥深い味に仕上がっている。なるとは"昭和の安心印"。この醤油ラーメンをベースに、様々な麺料理が提供される。

千里麺（1200円）

店名を冠した「千里麺」(1200円)も絶品。豚肉とたっぷりの野菜をラーメンスープで煮込み、卵と片栗粉でとろみをつけた餡をのせた逸品。栄養のバランスもよく美味だ。他にも、店主オススメの「サンマーメン」(950円)など、麺料理のレパートリーが豊富。うす皮餃子(450円/5個入り=1個70円で追加可能)は、軽くゆでてから焼きを入れている。

「華」の名店!!

職人気質の店主をサポートする 神接客のベテラン女性スタッフ

回鍋肉（900円）

当店は「町中華飲み」でも重宝すること必至。料理と一緒にビールなどのアルコール類を頼む客が多く、「辛みもやし」(380円)や「つまみメンマ(ネギがたっぷり乗っている)」(380円)、「ネギチャーシュー」(380円)など、酒のアテになるメニューも豊富。まず、酒とアテを楽しんでからシメの食事を楽しむ客も多い。職人気質の店主に加え、ホールを1人でさばく愛想バツグンの女性は忍者張りに動きが機敏。客の一歩先を読む気配りと優しさが◎。注文と会計を同時にさばく達人技も習得している。チェーン店のようにマニュアル化されていない昭和レトロな"人情接客"が最高だ。

丸久食堂

店舗情報

【店名】丸久食堂

【住所】兵庫県尼崎市水明町201（BOAT RACE尼崎内）

【営業時間】10時〜（レース終了次第）

【定休日】レースが開催していない日は休み

▶「メシ目的の客が続々と集まるボートレース場内の信じられないカツ丼焼きそば」

競艇場内の食堂のレベル

こだわりの食材＆オール手作り!!
目移りする食事メニューに酒類も豊富

勝ち運を高めよう！

スペシャル（550円）

兵庫県尼崎市にある競艇場「BOAT RACE尼崎」——。場内は改装され、ファミリー連れの姿も多い。『丸久』は、ボートレース場内に設置された食堂。「ここ（レース場）ができたときから営業しています」（店主）という、昭和27年から続く超老舗店。レース前にビール片手に食事をしていく客も多く、「キンキンに冷えたビールを飲んで、焼きそばを食ってから勝負！　これがわしのルーティンや」（常連客）。警備スタッフなどにバカ売れの手作り弁当（超ボリューミー）も人気。「冷凍ものは使わないので、朝3時から仕込みを始めないと間に合わない」と店主。息子、奥さんも一緒に働くアットホームな名店だ。

べ テラン女性スタッフが目の前で焼いてくれる「お好み焼き」（350円）が大人気。老舗店のため「店主が生まれる前から働いている」という彼女。キャベツと天かすが入ったシンプルなお好み焼きだが、良質なダシを使っており絶品。営業時間中に売り切れてしまうこともしばしばだという。お試しを！

お好み焼き（350円）

かつ丼（700円）

レ ース場とあって、ゲン担ぎの「かつ丼」（700円＝味噌汁付き）が大人気。サクサクのかつに半熟卵が絶妙。その他の丼メニューや、「きつねうどん（そば）」（400円）、「肉うどん（そば）」（600円）、各種定食など、とにかく品数が豊富。もちろん、どれも美味しい。近所にあったら365日通ってしまうかもしれない。

を凌駕する絶品メニュー!!

「お客目線で商売を続けていきたい」
食事目当てで競艇場に来る人も多数

店頭にある鉄板で焼かれるお好み焼き（前述）と「焼きそば」（350円）は大人気。大盛りに半熟の目玉焼きがのった「スペシャル」（550円）を食べると、甘辛ソースにモチモチの太麺が最高だった。「ぶた汁」（250円）、肉と野菜たっぷりの「かす汁」（350円）も絶品。「めし」は普通盛りが150円、大盛りが200円。「安くて美味いのがいいお客さん目線でできる限り続けていきたい」という店主の言葉に嘘はない。

築地 きつねや

築地場外市場最大のアーケード街として親しまれてきた「もんぜき通り」。店舗型ながら、屋台風スタイルの店が多く、タイなど東南アジアの屋台街を思わせる活気に満ちている。海鮮、ラーメンなど数ある人気店の中でもひときわ異彩を放っているのが、創業80年近いホルモン丼の名店『築地きつねや』だ。一坪程度の店舗のため、シャッターを開けてから厨房は毎日組み立てる。メニューは「牛丼」（800円）、「ホルモン丼」（900円）、「肉どうふ」（800円）、「ホルモン煮」（700円）、「ごはん」（200円＝並盛り）、「おしんこ」（150円＝きゅうりの浅漬けや白菜など、季節によって変わる）など。早朝に開店し、お昼過ぎには店じまいとなる"築地スタイル"。行列必至の人気店だが、開店時は客が少ないため狙い目だ。

1坪の立ち食い300万再生丼屋

朝から超行列

朝6時30分開店

「18秒で1杯売りさばく1坪の立ち食い牛丼屋の朝6時〜12時がヤバ過ぎる」

築地で働く男たちの胃

早朝に開店し昼過ぎには店じまい
"築地アーケード街"の超人気店

店舗情報

【店名】きつねや
【住所】東京都中央区築地4丁目9番12号
【営業時間】6時半〜13時半
【定休日】日曜・祝日・市場休市日

ホルモン丼(900円)

ホルモン丼のスープの味とは異なり、牛丼のタレははっきりとした甘辛の王道系。玉ねぎの甘味がタレに溶け込み、食欲をそそる。肉はトロトロで柔らかく、コクもある。ホルモン丼同様、卓上の七味でパンチを足してお好みの味にカスタマイズできる。築地の男たちに愛され続けた牛丼を是非!

半熟卵(100円)

牛丼(800円)

創業以来継ぎ足されてきた秘伝のスープで、上質のホルモンをじっくり煮込む。甘過ぎず、八丁味噌の風味が効いており意外とさっぱりしている。ビールとの相性が抜群なので、お酒が好きな人は、是非、ビールも注文して一緒に味わってほしい。ホルモンにはコラーゲンが豊富に含まれているため、健康効果も◎。

袋を満たしてきた老舗店

継ぎ足してきた秘伝スープ

トッピングのオススメは、最高級鶏卵の『奥久滋卵』

ホルモン丼、牛丼、肉どうふとの相性抜群のトッピングの「半熟卵／生卵」(100円)は、最高級鶏卵ブランドの『奥久滋卵』を使用。黄身を潰してタレとからめると、パンチの効いた味からマイルドなコクと奥深さのハーモニーが堪能できる。インバウンドの外国人にも大人気の店なので、連日行列ができるが、並んで待ったあとのホルモンとビールの味は格別である。

一久 川上店

【店舗情報】

【店名】一久川上店
【住所】山口県宇部市大字川上293-1
【営業時間】11時〜21時
【定休日】月曜日（月曜日が祝日の場合は火曜日）

 ▶ 「庵野監督が愛した宇部ラーメンの王「一久」が見せる 昼の鬼売れラッシュ」

庵野監督も愛した「宇部

スープを作る手間は筆舌に尽くせない 「終身刑を言い渡されたようなもの」

"地獄の釜"には絶品スープが…

山口県宇部市で人気のご当地ラーメンといえば、「宇部ラーメン」。そんな宇部ラーメンの代表選手が『一久』だ。県内8店舗をかまえる老舗ローカルチェーンで、本書では『一久 川上店』を取材している。「宇部ラーメンの源流は福岡の『久留米ラーメン』。スープのベースは豚のゲンコツですが、久留米ラーメンのように豚頭は入れません」と店主。呼び戻しという手法で豚骨だけを炊き上げてスープを取っているという。上質のスープを作るための手間は尋常なものではなく、「開店時に"地獄の釜（寸胴）"に火を入れた瞬間から、終身刑を言い渡されたようなものです。まあ、楽しい終身刑ですけどね(笑)」（店主）。スープは臭みはなく濃厚美味。『一久』は老若男女に愛される宇部ラーメンの中心地なのだ。

24

びっくりラーメン（1200円）

ニュー表にも大きくプリントされている「びっくりラーメン」（1200円）は名物・麺は1.5倍、もやし、餃子5個、メンマ、ワカメ、チャーシュー5枚、青ネギが乗った豪華版ラーメンだ。「ギョーザ」（480円）を考えると、かなりお得なのが分かる。一気に丼でかき込みたい人にはピッタリ。

ラーメン（750円）

定

番のラーメンは超美味。オンライン販売もしているため、宇部に行かなくとも店の味を楽しめる。「チャーシューメン」（980円）、「もやしらーめん」（830円）も人気。昼と夜ではスープが変わるという。「夜のほうが濃厚なので、一度夜食べたお客さんが、その後は夜ばかり来るようになったことも」（店主）

ラーメン」の代表選手!!

焼きめし（600円）

聖地の名物は絶品 シン・焼きめし

当店は「焼めし」（600円）も大人気。みじん切りにした玉ねぎとニンジンにひき肉を炒め、卵を落としてからごはん入れてパラパラになるまで炒めたもの。仕上げに青ネギを入れる。ひき肉の脂から出る旨味がお米を多い、玉ねぎの甘味と相まって病みつきになる味。お得な「ラーメン定食」（930円＝ラーメン、餃子4個、ライス）もオススメ。宇部は大人気アニメ『新世紀エヴァンゲリオン』の生みの親である庵野秀明氏の出身地であることから、エヴァファンの聖地巡礼でも利用されるという当店。多くの著名人も来店しており、壁にはサイン色紙が並ぶ。客足の絶えない宇部の味を是非!

屋台ラーメン醤家

【店舗情報】

【店名】屋台ラーメン醤家　大子店

【住所】茨城県久慈郡大子町下野宮1589−2 KONISHIYA内

【営業時間】11時〜14時

【定休日】月曜日、火曜日

100万再生

「宣伝ヤル気ゼロで繁盛は草。コンビニの中にある屋台ラーメンが色々凄すぎる」

個人経営コンビニの中

個人経営コンビニの主人と結婚も
ラーメン修業を活かして開店!!

お持ち帰りもバカ売れ中!!
絶品のチャーシューが自慢

茨城県の北西部に位置する大子町──。手作りの総菜が美味しい個人経営のコンビニ『KONISHIYA（小西屋）』の店内に、店を構えるのが『屋台ラーメン醤家』だ。「結婚する前に働いていたラーメン屋さんから暖簾分けされた格好。個人経営のコンビニの主人に嫁いだが、ラーメン技術がもったいないと、店舗内店舗というかたちで開業しました」と女将。当店の名物は柔らかくて醤油の味がしっかりしみ込んだ特製チャーシュー。「チャーシューは営業時間中、ずっと寸胴で煮ています」（女将）量り売りで、1本約2000〜3500円。持ち帰りの場合は、スライスしてからチンして、わさび醤油で食べるのがオススメ。

醤家ラーメン（850円）

【醤】油の味が効いた「醤家ラーメン」（850円）は、刻み玉ねぎに自慢のチャーシュー、海苔が乗った一杯。常連の60代男性曰く「どこか懐かしい味がするね。昭和の昔に屋台で食べた味という感じ。食べるたびに、あの当時を思い出しちゃうよ（笑）。ノスタルジックな味だが、旨味とコクも十分！

醤家チャーシューメン＋ニンニクバター（1380円）

【常】連客に人気なのが、「ニンニクバター」（130円）のトッピングだ。若い男性客は、「味噌ラーメンにバターは多いけど、醤油ラーメンにも合う。ニンニクのパンチを足すと今風の味になって美味しいです」。チャーシューメンの進化版「Wチャーシュー」（1450円）は、掟破りのチャーシュー10枚乗せの人気メニューだ。

にぽつんとラーメン屋

千葉外房の「ご当地ラーメン」"竹岡式"を踏襲した人気店

「うちのラーメンはいわゆる"竹岡式"です。チャーシューを煮た醤油ダレが、そのままラーメンの返しになって、麺のゆで汁がそのままスープになります。刻み玉ねぎを入れるのも竹岡式の特徴かな」と女将。玉ねぎが入っているので、ネギはなし。シンプルながら、返しにラードも入っているため、肉の旨味がしっかり感じられる美味スープだ。竹岡式は千葉県の内房地域で有名なご当地ラーメン。醤油ダレが主張した飴色のスープが目印だ。ラーメンと同時にライスを注文する客も多いが、これがテンコ盛り。人気丼メニューの「醤屋丼」（600円）は、テンコ盛りのごはんに刻みチャーシューがたっぷりかかった逸品。チャーシューに炙りマヨネーズがかかった「チャーマヨ」（500円）も若者世代を中心に人気の逸品。

黙飯
MOKU MESI

弥生軒 5号店

【店舗情報】

【店名】弥生軒5号店

【住所】千葉県我孫子市本町2丁目　JR我孫子駅ホーム内

【営業時間】7時〜17時（月〜土）／8時〜16時（日曜・祝日）

【定休日】無休

15秒で出てくるそば
100万再生

310円

1日1000杯

▶「朝7時から そば1000杯唐揚げ2000個売る駅の立ち食いそば屋がハンパない」

天才・山下清画伯も働

駅近くの自社工場で入念仕込み
新鮮な手作り天ぷらを堪能!!

自前工場で入念に仕込み!!

JR常磐線「我孫子駅（千葉県）」ホーム内にある「弥生軒5号店」。弥生軒の創業はなんと昭和3年。駅構内で駅弁を販売していたという。一時、画家の山下清が働いていたことでも知られる。「5号店」の店内は7席の立ち食いカウンターのみだが、1日で約350杯売れる超人気店だ。駅近くに工場があり、そこで毎日、チェーン店舗に届ける天ぷらや唐揚げを作っている。「たぬきそば」（390円）に入る揚げ玉はうれしい青海苔入り。磯の香りがそばつゆに溶け込む。ちくわ天も青のり入りの衣で揚げる。「天ぷらそば」（410円）に使用するかき揚げは、エビも入ったボリューミーな逸品。我孫子駅を通る際は、是非途中下車して食べたい立ちソバの名店だ。

28

当店の名物はジャンボな唐揚げ。生姜、コショウ、酒、秘伝のタレで下味をつけた鶏もも肉をたっぷりの油で揚げる。工場では夏場は1日に1300個、冬場は1500個揚げるという。唐揚げだけを持ち帰る客もいる看板メニュー。5号店だけで1日に440個売り上げたこともあるというから驚きだ。

唐揚げ2個そば（660円）

天玉そば（460円）

そばらしく、「天ぷらそば」（410円）、「かけそば（うどん）（320円）、「たぬきそば」（390円）、「わかめそば」（390円）、「ちくわ天（単品）（90円）と、どれも庶民価格。唐揚げはそのまま食べても、つゆにひたして食べても美味。大人気の「唐揚そば（うどん）」は、490円。唐揚げ2個入りは660円だ。

いた老舗「立ちそば」の名店

立ちそば名物"音速提供"も健在!!
「かけ」なら最速15秒で出てくる

　立ちそばの魅力は、さっと食べられること。これには立ちそば名物の"音速提供"が不可欠だが、当店はかけそばなら最速15秒で提供される。そばは工場で一度茹でてから冷水でしめたものを使用しているため、高速提供が可能になっているという。人気店だけあって、開店と同時にサラリーマンや学生が続々と来店。鉄道ファンにも知られた名店だ。

ちくわ天うどん（410円）

煮込みの店 おおこし

店舗情報

【店名】煮込みの店 おおこし
【住所】東京都大田区平和島1丁目1－1 場内 ボートレース
【営業時間】9時50分～16時
【定休日】ボートレースの休業日

「ボートレースじゃなくてメシ目的の客で行列ができる昭和食堂のリアルな1日」

日本一かもしれない「牛

半日で60kgのモツ煮が消える 創業以来変わらぬ秘伝の調理法

　東京都大田区の「BOAT RACE平和島」――。レース場内にある老舗の食堂が『煮込みの店　おおこし』だ。創業は昭和29年。現在の店主で四代目だという。黄色い看板が目にまぶしい。早朝から仕込みが始まる。「使用する牛モツはすべて国産です。芝浦の食肉市場から朝仕入れています。60kgのモツ煮が半日でなくなりますね」と店主。創業当時の調理法を今でも守っており、味噌や醤油で味付けしてじっくり煮込み、最後にニンニクショウガをたっぷり入れるのが秘伝だという。ごはんも国産米。ぷるぷるの牛モツは絶品。「牛モツ煮込み丼」（800円）。「牛モツ煮込みライス」（800円）。「牛モツ煮込み」（650円）とあり、どのメニューも大人気。注文から30秒程度で提供される最強のファストフードともいえる。料理屋のモツ煮よりも美味い！

牛モツ煮こみ丼(800円)

牛 モツ煮込み丼はご飯に乗せて提供されるが、牛モツ煮込みライスはご飯とモツ煮が別々に提供される。ただ、多くの客がごはんのお椀に皿のモツをかけてかきこんでいる。たくあんが付いてくるのもうれしい。「牛丼」（650円）は醤油にザラメなどの調味料に、カツオでとった出汁を加えて煮込む。糸こんにゃく入り。レース場の定番「カツ丼」（750円）も美味。カレーも根強い人気。

モツ煮込み」が絶品!!

安くても冷凍の素材は使用しない!!
店主がこだわる手作りフライも絶品

「めっちゃ美味い」「無限に食べられる」「蛭子能収さんがテレビで紹介しているのを見て食べたくなった」「（レースよりも）これを食べに来た」という客もいるモツ煮が看板メニューだが、フライも絶品。串カツ、とんかつ、牛肉コロッケ、ハムカツ、イカ、アジ……とフライは各180円。「冷凍の具材は使わず、鮮度の良い生の食材にこだわっている」という店主。好みのフライを2種類選べる「フライ定食」（750円）も人気メニューだ。具材たっぷりの豚汁がつく「とん汁ライス」は450円という安さ。酒類も充実しており、サワー類は各400円。ハイボールは450円。生ビールは大サイズが700円。ボートレース場でこんな美味い飯が食べられるとは驚きだ。

串カツ(1本180円)

レストランオサダ

【店舗情報】

【店名】レストランオサダ

【住所】茨城県常陸大宮市工業団地1—34

【営業時間】11時〜21時

【定休日】月曜日

工業団地の食堂が凄ぇ

工場マン達のガツメシ

▶「スーパー穴場メシ。工業団地で働く工場マン達が鬼喰いをキメる工業団地食堂」

料理は愛情!! 手を抜かな

働く人たちに愛されて繁盛 和洋中そろった地域の名店

手間をかけて自分の味を出す!!

　茨城県常陸大宮市工業団地——。働く人たちと地元常連の胃袋を満たすのが『レストランオサダ』だ。明るく広々とした店内にはカウンター席、テーブル席が充実。開放的な雰囲気の中で食事ができる。和洋中となんでも美味しいメニューの理由は、「もともとは洋食屋で修業していたんです。そのとき、中華も少し作っていたので洋食と中華両方できました。それで、26歳のときに独立して店を始めたんです。最初は水戸で、この店はもう15年近くなるかな」(店主)。スープは、「鶏ガラ、牛骨、煮干し、野菜を使う。豚は脂がしつこいから」と店主。

当店は創作ラーメンのメニューが充実しているが、女性にも人気なのが輪切りのゆずと水菜にロールキャベツ、チャーシューが乗る「ゆず塩ラーメン」(850円)。「苦みが出る皮の白い部分は綺麗に取り除いてある」という店主のひと手間が清涼感ある味に仕上げている。スープはコクはあるがサッパリ爽快!

ゆず塩ラーメン(850円)

ランチセット(670円)

お得な「セットメニュー」には、シンプルラーメン、ライス、おしんこに選べる一品料理がついてくる。11〜14時のランチメニューはシンプルラーメンにライス、おしんこ、一品料理がついて破格の670円。「働く人がお客さんに多い。ランチの値段は上げられない」と店主。その心意気がうれしい。

い店主の心意気に満腹

たっぷり野菜と産地の納豆！
「名物納豆ラーメン」に舌鼓

店頭でも大きく宣伝している「名物納豆ラーメン」(860円)。ネギ、ピーマン、シイタケ、ニンジン、タケノコ、キクラゲに納豆が入る。「納豆を具材と一緒に炒めるところがポイント。スープにコクが出る」と店主。栄養バランスも抜群だ。茨城県の水戸は水戸光圀公が初めて作らせたことに由来する"ラーメン発祥の地"。さらに、納豆の産地。是非食べてみてほしい。ラーメンだけではなく、各種フライ、ハンバーグといった洋食から焼き魚定食などの和食類も美味。「既製品を買うと同じ味になっちゃう。自分の味を出したいから手作りにこだわっている」「お米も美味しいものを使っています」(女将)心意気に脱帽。

西新井らーめん

黙飯
MOKU MESS

店舗情報

【店名】西新井らーめん

【住所】東京都足立区西新井栄町2丁目1-1 東武伊勢崎線西新井駅構内

【営業時間】8時～20時半

【定休日】不定休

外国人が初めて駅ホームの270万再生
ナニ⁉
立ち食いラーメンを食べた反応がｗ

▶「外国人がビビる2分30秒で提供→朝8時開店で450杯も売る立ち食いラーメン屋が凄い」

「立喰い駅ラーメン」の

ビートたけしも愛した──⁉ 西新井駅の"顔"的ラーメン

世界の北野ことビートたけしの出身地としても知られる東京都足立区──。東部スカイツリーラインの通る「西新井駅」3・4番線ホーム内に老舗立喰いラーメンの名店がある。駅ホームで半世紀以上、働く男たち、学生らの胃袋を満たしてきた同店。多いときは、1日に450杯売れたこともあるというから凄い。「当駅には弘法大師ゆかりの西新井大師に参拝に行くための、大師線もあります。そうした人たちにも駅ラーメンは人気です」と、地元関係者が言うように、同店は西新井駅の顔なのだ。

チャーシューメン（680円）

34

ワンタンメン（550円）

定番の「ラーメン」（500円）に加え、ツルツルのワンタンが入った「ワンタンメン」（550円）も人気（ワンタンのみだと500円）。「大盛り」は100円増し均一。基本のラーメンはネギ、チャーシュー、なると、メンマ、ワカメがのった王道の"昭和ストロングスタイル"だ。トッピングの「玉子」は50円。

味噌ラーメン（680円）

醤油ラーメンの名店だが、「味噌ラーメン」（680円）も人気。シャキシャキした歯ごたえの茹でもやしがのってくるのがうれしい。「チャーシューメン」は680円。「ネギラーメン」は550円。期間限定のためいつも食べられるわけではないが、「カレーライス」も爆うま。ラーメンではなくカレー目当てに来る客も少なくない。

老舗の中の老舗!!

ガラ不使用の丸鶏勝負!!

**駅ラー初体験の外国人も絶賛!!
自家製スープの仰天秘密とは…**

人々を虜にする同店の自家製ラーメンスープの秘密も教えてもらった。「ネギの青い部分、玉ねぎ、ニンジン、根ショウガなどの野菜類と丸鶏を2羽加えて煮込んでいく。丸鶏は仕込み開始時に2羽入れて、時間差で1羽ずつ追加します。合計で1日4羽使うのよ。ガラは使わない。スープは毎日手作りで前日のスープは一切使いません」（女将）昔からこの調理法。ネギはシャキシャキ感を出すため、機械は使わず手作業で切っており、麺は細麺のストレート。取材中、立ち喰いラーメン初体験と思しき若い白人男性が来店。「オイシイ！　ベリー・グッド」を連発し、スープも飲み干し完食していた。お近くに来た際は是非！

上海ジミー

【店舗情報】

【店名】上海ジミー

【住所】神奈川県相模原市中央区淵野辺3丁目5-2

【営業時間】11時30分～14時　17時～20時30分

【定休日】日曜日

野郎専用!? 提供1分のファストフード『牛汁』!!

▶「これが昭和の男めし。提供1分の昭和のファストフード牛汁がヤバイ」

牛汁ラーメン（裏メニュー）

㊙ 伝のタレを加えた、炒めもやし、ニラ、玉ねぎ、縮れ麺を、辛味の効いたスープに投入。仕上げのじっくり煮込んだ牛すじを加えて完成。たっぷり入ったネギと、トロトロの牛すじ、辛味の効いたスープが抜群の組み合わせ。レンゲが止まらない。常連限定の裏メニューなので、通い詰めた人にのみ許される至高の一品だ。

「牛汁」は大「ライス」は中。謎の男めし牛汁

「牛汁」は大「ライス」は中。謎の男めし牛汁。牛すじの旨味がたっぷりしみ込んだ汁に、ライスをいれ、レンゲで口へ流し込む。まさに男の贅沢。そんな牛汁の仕込みは早朝行われる。国産の牛すじを、丁寧に一口大にカットするのは息子さん。二代目が、仕込みを終えた息子と入れ替わるように出勤。すると、年季の入った鍋を指さし一言「貧乏性でなんでも直して使っちゃう」そんな言葉の裏には、先代から継いだ店を大切にしたいそんな想いが伝わってきた。

雲沢観光ドライブイン

繁盛
HANJOU

古き良き昭和の無人食堂の幻「カツ丼」！

「カツ丼うどんラーメン無人食堂。カツ丼が
すぐ売れて食べるのムズすぎる」

昼休憩、車を止め、かきこむ。

食堂で作られた絶品弁当をレトロ自販機で販売。車中で、憩いの時間を過ごしたい人々は、自販機で絶品弁当を購入、快適な車中休憩の始まりだ。遠方から、訪れた人々は、旅の記念にとイートインスペースで団らん。旅を彩る思い出に、ドライブインのレトロ販売機はうってつけなのだ。売り切れる前に直行すべし！

店舗情報

【店名】雲沢観光ドライブイン
【住所】秋田県仙北市角舘町雲然山口66-12
【営業時間】11時〜14時
【定休日】日曜日

弁 当箱パンパンに詰まった大盛りのカツ丼。このボリュームで350円。あまりのコスパの良さに、即時売り切れが当たり前。甘めのタレがしみ込んだご飯を一口、二口、三口。秋田の絶品米とタレのハーモニー、もはやカツいらず。とはいいつつ、七味をかけて、肉厚のカツを口にすると、頬が落ちるのは言うまでもない。

カツ丼（350円）

第②章

強くなりたいな

爆盛り

フタが締まりきらない弁当、丼からはみ出る唐揚げ
ここじゃ、ミニでも満腹になること間違いなし
あふれんばかりのカロリーを摂取せよ!!!!

ら喰らえ
店

黙飯
MOKU MESI

キッチンBUS STOP

満腹の遥か向こう側をのぞいてみろ!!

唐揚げ200kg 即完売。

▶「唐揚げ2キロ米1キロ弁当。爆量メガ唐揚げが一瞬で売れるメガ盛り弁当屋。」

唐揚げ弁当（中型バス）(1440円)

フリーアナの加藤綾子さんの出身地でもある埼玉県三郷市で今、特大唐揚げをメインとする弁当屋が大人気だ。唐揚げ弁当は一番小さい「スクールバス」(680円)でも特大唐揚げ3個入り。最大ボリュームは、「二階建てバス」(3960円)で、デカ唐揚げ18個入り&ライス1.5kg。

1日で200kgの肉が胃袋に消える!!
サービス精神満点の"庶民の救世主"

店は東武バスの「岩野木橋」バス停前にあり、駐車場も完備。1日に使用する肉の総量は200kg。元々はキッチンカーで移動販売していたが、コロナを機に店舗型に変身。大人気の唐揚げはざく切りにしたもも肉を特製ダレに漬け込み、大量のフライヤーと油で一気に揚げる。鶏を丸ごと揚げた丸鶏の唐揚げも人気。三郷は日本で唯一、"1年中クリスマス状態"なのだ。ボリュームは日本屈指で、弁当の容器の蓋は閉まらないのがデフォルト。肉がなくなり次第営業終了。

店舗情報

【店名】キッチンBUS STOP
【住所】埼玉県三郷市幸房506-3
【営業時間】10時半〜13時半、14時半〜19時（平日）
10時〜18時（土日祝日）
【定休日】不定休

▶「「ごめん！量が増えちゃった...」うっかりデカ盛りニキの爆量爆売れ町中華。」

【店名】麺飯店 俵飯
【住所】東京都小金井市貫井北町2丁目18─3
【営業時間】12〜14時、18時〜20時半（水〜金）12〜15時、18時〜20時半（土日、祝日）
【定休日】月・火曜

黙飯 MOKU MESHI

俵飯

名門「東京学芸大学」の学生御用達!!

量が多ければいいわけではない!!「美味くて安くてデカい!!!」神店

「最初はデカ盛りじゃなくて、普通のお店だったんです。開店1週間くらいして、目の前の東京学芸大のアメフト部の学生さんが来てくれて大盛りを頼んだんですね。大盛りはなかったので、50円プラスでご飯を3合分くらい盛ってあげたら大喜びで。そこから徐々にデカ盛りが普通になっていった感じです」(店主)今では「ご飯足りる？」とお客に声をかけることが当たり前になった店主。「美味くて安くてデカい」をモットーに鍋を振り続ける。

極上ネギレバ飯(1300円)

俵飯(1350円)

中華飯(1100円)

デカ盛り店とはいえ、材料は各地から取り寄せたこだわりの品。「ただ量だけが売りの店ではダメ。味を気に入ってもらえなければ。そのために手間暇を惜しまず、ラーメンも無化調(化学調味料不使用)で頑張っています」(店主)丼からこぼれ落ちそうな迫力な見た目だが、味は繊細。育ち盛りの学生だけでなく、一般客のファンも多いのはそのせいだ。

41

働く男の豪快めし

蓋できない天どん弁当

▶「朝9時から盛況の1日に働く男達200人が買いに来る380円の弁当屋が凄い」

熱飯 MOKU MESHI

やまよし

【店舗情報】

【店名】やまよし

【住所】神奈川県川崎市川崎区渡田山王町18—11

【営業時間】9〜20時

【定休日】日曜日・祝日

キップのよい女将が切り盛りする弁当屋

J R川崎新町駅から徒歩5分。前のオーナーから2022年10月に店を引き継ぎ、新装開店したという女将手作りの味が堪能できる。基本の「のり弁」はコロッケとちくわ天がついて380円。メニューも豊富。

のり唐揚弁当（550円）

ミックス天丼（740円）

かつ丼（790円）

ブランド米使用でとにかく米がまず美味い!! ボリューム満点の懐かしい"おふくろの味"

　1日で15kgは使うという米は、山形県が誇るブランド米「はえぬき」を使用。ガス釜で炊くため、ふっくらと美味しい仕上がりになる。どのメニューも注文を受けてから作るので、揚げ物はサクサク、珍しい、やわらかめの鶏肉を使った唐揚げは大人気。付け合わせはニンジンと大根の煮物、つぼ漬け、激美味の自家製ナポリタン。

ひばり食堂

黙飯
DAMMESHI

「食堂・精肉店・農家」三足の草鞋を履く店主

「高知で見つけたヤバ食堂」
「誰も大盛り頼まない」

「ミニカツ丼がメガなんよ。肉屋がフルパワーで作る爆カツ丼が鬼売れ超食堂」

500円で食べられるミニが通常店の大盛り 上質なバラ肉を使用した激美味「カツ丼」

清流として名高い吉野川が流れる高知県大豊町。店主は食堂の他に農家、精肉店も営む三足の草鞋。店では自分で作った米と精肉店ならではの新鮮な肉を食材としてふんだんに使用している。数あるメニューの中でいつしか、カツ丼が名物に。「別にカツ丼にこだわっていたわけじゃないんやけど、肉屋やっているのと、わしが卵が好きなんよ(笑)」(店主)カツはロースではなくバラ肉を使用するのも特徴。

店舗情報

【店名】ひばり食堂
【住所】高知県長岡郡大豊町高須226
【営業時間】11時半〜18時半(冬季11〜2月は17時半まで)
【定休日】無休(年末年始は休み)

カツ丼(1000円)

カツ丼は「大盛り=1200円」「普通盛り=1000円」「ミニ=600円」の3種。ミニのかつ丼が通常店の大盛りに相当する。ラーメンスープは高知県産「はちきん地鶏」のガラを使用。チャーシュー代わりにカツがついてくる。

ほっかほっか大将・八潮中央店

> 朝9時開店 働く人100人
>
> 1000万再生
>
> デカ弁430円
>
> 唐揚げ1.7kg+ご飯1kg弁当
>
> ▶ 「一瞬で売れるご飯30kg肉60kgを使った特大3キロ弁当屋の昼がハンパない」

一度食べたら中毒になる「からあげ弁当」

八潮市(埼玉県)の市役所近くに店を構える創業30年超のローカルお弁当チェーン。一番人気の「からあげ弁当」(590円〜)は、「一度食べたら病みつき」(常連客)。腹ペコなら超お得な「メガのり弁当」(1290円)がオススメ。

メガのり弁当(1290円)

コスパ抜群の4人前盛り「メガのり弁」 からあげバベルの塔「インパクト弁当」

からあげ弁当は胸肉を使用しているがジューシーで柔らかい。これは「切り分けたら包丁で繊維をカットしているから」(店主)。「まるごとからあげ弁当」(670円)はもも肉を使用。食感を食べ比べてみては。圧巻は特大からあげがついた「インパクト弁当」(1890円)は"ネタか?"と思えるが、食べるとちゃんと美味い。ライスがデフォルトで220gと多目だが、大盛り(260g)も無料。メニューは豊富。月・木・土曜日限定の「手造りハンバーグ弁当(180g)」(730円)も絶品。

44

「肉肉米米肉肉米米肉米肉米肉米米。テレビ取材NG食堂の爆売れ豚バラ定食。」

黙飯
MOKU MESHI
みよし食堂

店舗情報

【店名】みよし食堂

【住所】岩手県盛岡市青山2丁目24-21

【営業時間】11〜14時40分、17〜20時50分

【定休日】火曜日

創業約70年の岩手が誇る老舗大衆食堂

えっ、この店があれば一生大丈夫!?
そう思わせる豊富なメニューと美味

石川啄木、宮沢賢治……偉人とゆかりの深い岩手県盛岡市で創業70年近く。岩手が、否、日本が誇る名物大衆食堂。テレビ取材NG店だが、誰もが知る繁盛店だ。現在の店主は3代目。ただ、2代目も現役バリバリで80歳を過ぎて圧巻の鍋振りを見せる。3代目の奥さまや娘さんも手伝う家族経営が微笑ましい。厚みのある豚バラを甘辛の特製ダレで痛めた「豚バラ定食」(1000円)が絶品の店。

豚バラ定食(1000円)

みそラーメン(880円)

ニンニクの効いたみそラーメン(880円)も人気のひと品。豊富な定食類に加え、中華麺、そばやカレーまであるため、全部メニューを食べるには店に通い続けるしかなく、アトラクション制覇が困難なディズニーランド級。調理済みのバラ肉(860円)やメンチカツ(760円)などお持ち帰りメニューも。

45

珍来総本店直営八潮ドライブイン店

地域に愛されもうすぐ100年のラーメン店

▶「鬼のドカ盛りで100年ずっと売れ続ける
狂気的な盛り盛りヤバ中華食堂」

すべてが規格外の圧巻ボリューム
これが本物の"食い倒れ"の店だ!!

　埼玉県東部の住民なら誰もが一度は足を運んだことのあるローカルなラーメンチェーン店。現在、直営は4店舗で暖簾分けを入れると30店舗以上になる。昭和3年の創業以来、100年近くにわたり地域の庶民の胃袋を満たしてきた。八潮ドライブイン店の店舗のすぐ隣にある製麺所で作る自家製麺は、コシがあってモチモチで人気。麺類は並盛りで200gだが、通常の店では120〜160g程度。自家製麺を使用することでコストを下げ、その分を量と値段の両面でお客に還元している。スープは豚ガラと鶏ガラをベースに昆布と煮干しも加わり、スッキリとした味わいの中にもコクと深みがある。餃子は餡も皮もすべて手作りで、通常のものよりだいぶ大振りだ。麺、定食ともメニューは豊富。

ソース焼きそば並盛り（500円）

ニラレバ定食（880円）

珍来で厨房に立てるのは、1年間まかないのチャーハンを作り続けて練習を重ねた職人のみ。「デカ盛り店あるある」の定食ご飯〝にほん昔ばなし盛り〟はもちろん、並とは思えないボリュームの「チャーハン」（690円）や自家製麺で作る「ソース焼きそば大盛り」（710円）も人気。ちなみに並盛り（500円）ですら写真の迫力。量がバグっている店なのだ。

店舗情報

【店名】珍来総本店直営八潮ドライブイン店
【住所】埼玉県八潮市八條1512−1
【営業時間】11時〜翌朝4時
【定休日】無休

肉のますゑ

黙飯 MOKU

これ全部一瞬で無くなります。

とんかつ とんかつ とんかつ

▶「圧倒的爆安→特大とんかつランチ380円。嵐の如く爆売れ巨大マンモス食堂。」

「精肉店＋洋食レストラン」の最強コンボを堪能!!

創業70年にならんとする精肉店とレストランが合体した名店。2階にも客席のある広々とした店舗で、精肉店だからこそ可能な上質の肉をベースにした昔ながらの洋食を堪能できる。

店舗情報
- 【店名】肉のますゑ
- 【住所】広島県広島市中区八丁堀14—13
- 【営業時間】10〜20時45分
- 【定休日】水曜日、第2火曜日

特ランチ（930円）

サービストンカツ（430円）

上質の肉に丁寧な仕事が光る昭和の洋食
価格破壊「サービストンカツ」は1日200食

目玉メニューの「サービストンカツ」は、ライス付きで破格の430円。1日で150~200の注文が入るという。「私の祖父がお金を持っていない若い子や学生さんのために考案したメニューです。当初は350円。30年近く値段を上げずにきましたが、少しだけ値上げさせてもらいました」（3代目店主）揚げ油には精肉店で出た上質の脂身を使用しているため、コクがハンパない。「特ランチ」（930円）カツレツ、プレスハム、オムレツ、ハンバーグにライスの欲張りメニューもオススメ。

河辺ドライブイン

「お米が美味しい秋田で動けなくなる程の爆盛りご飯と爆量ラーメン、ホルモン定食の提供ラッシュ。」

ホルモン定食(1150円)

広東麺(1050円)

「ボリュームを味わえ!」爆盛り＆美味の名店

創業昭和42年、秋田県秋田市、通称「河ドラ」——。地元民に愛される爆盛りの名店。爆盛りになったのは、「長距離ドライバーさんで賑わっていたため、秋田から東京まで腹を減らさず走れる量の食事を提供したかったから」(店主)だという。

東京まで間食なしで行けるように!!
"トラック野郎仕様"の圧倒的爆盛り

「ホルモン定食」(1150円)は、プリプリのホルモンの煮込みにネギがたっぷりのった逸品。「チャーハン」(830円)も人気。大盛りで頼むとお玉3杯分を超える分量のため、通常店の3倍は確実。寒さが厳しい季節には、辛みと旨味が一瞬で脳髄に到達する「旨辛アホ刺激味噌ラーメン」(写真=1200円)に舌鼓。トロ〜り餡とたっぷり野菜がうれしい広東麺(1050円)もオススメだ。

店舗情報

【店名】河辺ドライブイン
【住所】秋田市河辺和田字坂本南262
【営業時間】11〜19時50分
【定休日】水曜日

ダイナマイトキッチン

働く漢たちが殺到する下町の弁当屋

1キロ弁当-500万再生

400円デカ盛り昼めし

「一瞬で売れる肉100キロ500食の特大1キロ弁当に500人の男達が殺到する弁当屋がヤバイ」

チャーシュー&もやし&背油!!
日本一硬派な「ダイ二郎弁当」

　東京の下町にあるガテン系特盛り弁当の名店。おかずのボリュームはもちろん、ご飯は50円プラスで大盛り（450g）、100円プラスで特盛り（600g）に変更可能とバグっている。質は無視ではなく、食材にこだわり手間暇かけた仕込みゆえ味も抜群。「唐揚げに一番こだわっていますね。肉を柔らかくするブライン液に漬けたり、チャーシューの漬けダレを入れたりと試行錯誤しています」（店主）

【店舗情報】
【店名】ダイナマイトキッチン
【住所】東京都足立区鹿浜2丁目25−1
【営業時間】10時〜15時、16〜20時
【定休日】※要確認

た

っぷりの厚切りチャーシューと茹でもやしに味付けうずらの卵が入った人気の「ダイ二郎弁当」（990円）は、無料でニンニクと唐揚げ1個をトッピングできたうえ、背油や野菜を無料でマシマシ可能な漢飯。

働く漢飯（650円）

ダイ二郎（990円）

タルタル唐揚げ弁当（720円）

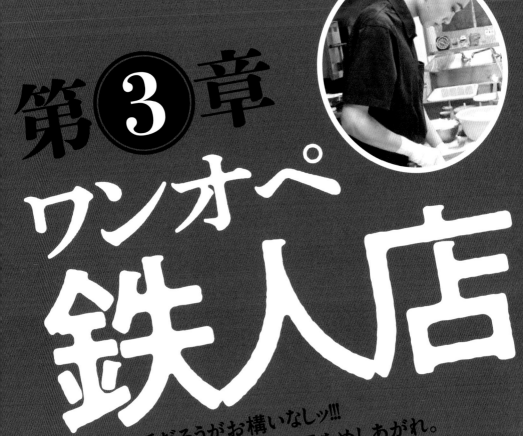

第 ③ 章
ワンオペ
鉄人店

何人相手だろうがお構いなしッ!!!
一人で店を守る、覚悟の一品をめしあがれ。

黙飯
MOKU MESHI

主

51

光栄軒

【店舗情報】

【店名】光栄軒

【住所】東京都荒川区荒川2—4—3

【営業時間】（火〜金）11〜15時、17〜20時半（土・日・祝）11時〜19時半

【定休日】月曜日

昭和の伝説の職人

40年毎日20時間

▶「令和じゃ無理。40年無休で毎日20時間
厨房に立つ町中華の鉄人職人」

大食いファイターから愛され

40年間無休で厨房に立つ町中華の鉄人
常連が注文する「ラーメンセット」は驚異のコスパ!!

東京の下町・荒川区にその店はある——。男たちが行列をなし、メニュー表には"デカ盛り"が並ぶ、大食いファイターの聖地『光栄軒』だ。"早い！安い！うまい！多い！"の4拍子で、特に、ラーメンにチキンカツと山盛りのごはんが付いてくる「ラーメンセット」（750円）や、巨大なトンカツが2枚のった「カツカレー」（950円）はコスパ抜群だという。この店を切り盛りするのは、御年70歳の店主。現在は定休日があるが、創業から40年間は無休で厨房に立ち続けた。「一番働いていた時期は夜中の2時まで営業し、それから朝まで飲んで遊んで、2時間ほど仮眠して店に戻った」（店主）という昭和の男が、令和の今も、厨房でひとり鉄鍋を振る。

かつ丼(900円)

レバニラ炒め定食(750円)

わ　らじのような巨大トンカツが2枚のった「かつ丼」(900円)。作り方も少し変わっていて、巨大な中華鍋で、サクサクのトンカツを卵と出汁でとじて、山盛りごはんの上にのせて完成だ。常連いわく、「半熟の卵、出汁がたっぷりからんだごはんをスプーンでかきこむ瞬間が最高!」とのこと。

み　そ味と生姜味が選べる「焼肉定食」(750円)や、ラーメんどんぶりいっぱいに麻婆豆腐が入った「麻婆豆腐定食」(750円)など、定食も充実している『光栄軒』。その中でも、店主が一番人気と推した「レバニラ炒め定食」(750円)は、朝びき鶏の新鮮なレバーと、シャキシャキ野菜を炒めたこだわりの一品だ。

ている 伝説の「町中華」

大食い自慢は見逃せない!! 超重量級「炒飯」「オムライス」

大食いファイターがこぞって挑戦するのが、「炒飯」(700円)。普通盛りでごはん2.5合、大盛りが4合、特盛が5合という驚異の量。味も抜群で、「ギリギリの火入れで作るので、柔らかいんです」(店主)という、ラーメン用の特製チャーシューがたっぷり入り、肉の旨味がごはんに染みこんでいる。また、「オムライス」(800円)も、玉子焼きの間からチキンライスがあふれるほどのデカさ!

ごはん5合の"特盛"も!

オムライス(800円)

黙飯 MOKU MESI

下町中華 樹

450万再生

深夜でも行列。
ラーメン400円。

▶「泥酔客は叩き出す」真っ暗な路地裏で深夜12時に
行列満席の東東京最強町中華。」

「泥酔客は叩き出す」

驚異のラーメン1杯400円!!
深夜に行列ができる路地裏の老舗中華料店

　"のん兵衛の町"葛飾区堀切にある老舗中華料理店。「堀切で40年間やっているから、今の堀切で飲み歩いているやつらは子どものから知っている」、「俺は、酔っぱらいには怒るし、追い出す。でもまた店に来てくれる。そうやってつながってきた」と、店主。その実直な人柄を慕って、足繁く通う常連客も多いという。看板商品の「ラーメン」(400円)は、製麺会社『開化楼』のこだわりの麺を使用。「おいしいラーメンを400円で出すのがこだわり」(店主)との言葉の通り、安価で楽しめる中華料理を極めたお店なのだ。

店舗情報

【店名】下町中華 樹
【住所】東京都葛飾区堀切5—29—1
【営業時間】18時〜24時(L・O 23時半)
【定休日】水曜日

きくらげの玉子炒め(900円)

エ ピチリ」(900円）、「酢豚」(900円）、「肉野菜炒め」(600円）など、下町中華の王道がある中で、店主が「今うちの一番売れてる」と推したのは、「きくらげの玉子炒め」(900円）。コリっとしたきくらげの食感が際立つ、白ごはんにも、お酒にも合う珠玉の一皿。

レバニラ炒め（600円）

高 速の鍋さばきで次々と料理を提供する店主の姿は、まさに芸術。店内には食材を炒める"ジャッジャッ!"という音が鳴り響き、それを肴に晩酌をする客も少なくない。満席の店内で飛び交う注文が、「レバニラ炒め」(600円）。シャキシャキ野菜が山盛りで、常連いわく「ビールのお供に最高!」とのこと。

夜の町を40年間見守ってきた名店

地元民が愛する味!

チャーハン(650円)

ケガにも屈しないワンオペの鉄人が作るこの黄金色のチャーハンを見よ!!

2024年現在、『樹』のドアには、「骨折治療中の為…」という営業時間短縮の案内が張られていた。店主がケガをし、『樹』は一時期、休業状態に。ワンオペ店にとって、店主のケガは致命的だが、それでも営業再開をしたのは「今まで来てくれたお客のために」(店主)との思いから。取材中に見た、「チャーハン」(650円）と、「チンジャオロース」(900円）を幸せそうに食べる常連客の姿は今も忘れられない。

55

黙飯
MOKUMESHI
見田家

【店舗情報】

【店名】見田家

【住所】東京都練馬区練馬1—5—2 新日本パレス本社ビル1F

【営業時間】8時〜24時（L・O 23時半）

【定休日】日曜日

「た‥立ち食い朝ラー!?朝8時開店!ワンオペで回すキレッキレのラーメン職人の朝!」

キレッキレの職人がワンオペで

ラーメン1杯650円!!
立ち食いスタイルの"朝ラー"で大人気

爆速提供！

"立ち食い"と聞くとそば・うどんを想像してしまうが、『見田家』が提供しているのは、スープから作った本格派の家系ラーメンだ。場所は、東京の練馬駅から徒歩2分。朝のまぶしい光のなかで男たちが一心不乱にラーメンをすする光景が見られる。ここの「ラーメン（並）」（650円）を1日の活力にし、「今日も頑張ってくださいね！」（店主）という声に背中を押される常連も多いという。

56

豪快（並）（950円）

店主は、家系ラーメンの一大勢力『新中野武蔵家』出身。麺は武蔵家と同じく酒井製麺の中太麺で、そこに塩気控えめのマイルドなトンコツスープを合わせている。海苔、ほうれん草、チャーシュー、味玉がのった「豪快（並）」（950円）に、「九条ねぎ」（150円）や「もも肉（3枚）」（200円）を追加する大食い自慢のお客さんもいるんだとか。

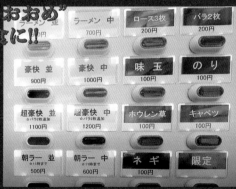

回す 朝8時開店の家系ラーメン!!

朝から"かため、こいめ、油おおめ" ライス無料で大満足の朝食に!!

家系ラーメンの魅力と言えば、味のカスタマイズだが、『見田家』も麺のかたさ、味の濃淡、油の量が自由に選べる。開店直後の早朝にもかかわらず、「かため、こいめ、おおめ」とジャンクな注文をする人が後を絶たない。「ここの朝ラーは濃くてもツルっと食べられる。逆に元気が出て、その日がんばれる！」とは常連の弁。また、店内に大きく掲げられた「ライス無料」という案内のとおり、ラーメンとセットで楽しむ人も多く、その際は、トッピングにあるロース、モモ、バラの3種のチャーシューをお好みで足すのがオススメなんだとか。ラーメン、肉、ごはんで元気百倍だ。

ラーメン 並	ラーメン 中 700円	ロース3枚 200円	バラ2枚 200円
豪快 並 900円	豪快 中 1000円	味玉 100円	のり 100円
超豪快 並 ☆バラ2枚追加 1100円	超豪快 中 ☆バラ2枚追加 1200円	ホウレン草 100円	キャベツ 100円
朝ラー 並 ☆11時まで 500円	朝ラー 中 ☆11時まで 600円	ネギ 100円	限定

お好み表
麺 かため ふつう やわめ
味 こいめ ふつう うすめ
油 おおめ ふつう 少なめ

ライス無料
おかわりもOK！

木飯 MOKU MESHI

きらく食堂

23歳孫娘の野郎めし食堂

おじいちゃんの食堂を継いだ

「創業70年の盛り盛り野郎めし食堂を守る23歳若女将が凄かった」

【店舗情報】

【店名】きらく食堂

【住所】千葉県長生郡長生村岩沼822

【営業時間】11時30分〜14時00分　17時00分〜21時00分

【定休日】月・水・木

23歳の若女将が守る

若女将の前職はダイビングインストラクター

元々、精肉店と食堂を経営していたが、駅の開発に伴う立ち退きで、食堂一本に。

地元に愛される食堂として70年、地域に根差してきた。

しかし、二代目店主夫妻は御年80歳、お店の存続が危ぶまれた。そんな時にアルバイトとして働いていたお孫さんが声を上げた。「ダイビングインストラクターをしている時に、事故って、広場恐怖症とパニック障害に。仕事を辞めるしかなかったので、退職。ちょうど空いてたし、私やるわって継ぐことにしました」

料理の経験はなかったという女将だが、中華鍋を振るその姿からは、「絶対お店を無くさない」そんな覚悟が伝わってきた。

チャーハン(600円)

先
代の時代から愛されるメニュー。パラパラ系で具沢山のチャーハンだ。細かくみじん切りにした玉ねぎと人参、丁寧に溶いた卵とお米を中華鍋で炒め、特性チャーシューとネギを追加。塩、コショウ、最後に秘密の隠し味、自家製調味料をいれて完成だ。たっぷり入った紅ショウガの食感と相性も抜群。

もつ煮(400円)

常
連から根強い人気のもつ煮込み。味が良くしみたプルプルで柔らかいもつが最高。もつは、先代女将が開店前に仕込んでいる。出汁が効いたスープと醤油で、もつをゆっくりと煮込む。大人気メニューとあって、注文が止まらない。常連たちは皆そろって、最後の一滴までスープを飲み干すのだ。きらく食堂と言えばこれと言われる逸品。

創業70年の老舗食堂

鉄鍋を豪快に振る！

「また来ます」
次世代へ伝える味…

　早朝、仕込みを始めてから、暖簾をおろすその瞬間まで、包丁をふるい、中華鍋に火をかける。従業員は4名。呼吸すら揃う4人の、厨房での連携は職人の域だ。

　この日、きらく食堂を訪れたのは、常連のオヤジたちや、若い男性衆。彼らは皆、口をそろえて「また来ます」と言い、帰っていく。きらくの味は、女将と共に、確実に、次世代にも繋がれていくのだろう。

三品食堂

【店舗情報】
【店名】三品食堂
【住所】東京都新宿区西早稲田1—4—25
【営業時間】（月〜金）11時半〜14時　（土）11時半〜13時
【定休日】日曜日、祝日

カレーも爆売れ

牛めし　三品

爆売れ牛丼専門店

▶「激レア個人経営の牛丼店。昭和平成令和ずっと売れてる住宅街奥に佇む牛丼店。」

母子2代で受け継ぐ秘伝の味!!

早稲田大生が愛する味！

昭和から令和まで続く!! 学生たちの思い出の牛めし

今では数少ない、個人経営の牛めし店。場所は、新宿区の早稲田大学の目の前で、早稲田の伝統カラー・えんじ色を想起させる暖簾が目印だ。創業は東京オリンピックが開かれた翌年の1965年。現店主の母親が始めた牛めし店が早大生に大ヒットし、現在、息子さんがその店を引き継いでいる。創業当初から、メニューは牛めし、カレー、トンカツという若者が大好きな3品。「店名もそのまま"三品食堂"」と、現店主は笑顔で語っていた。

赤 は超大盛の裏味です

MENU

	並 Regular size	中盛 Middle size	大盛 Large size	特大 Supet large size	玉子入り (with a ●)		
牛めし GYUMESHI	牛めし GYUMESHI 540	中盛 OHMORI 640	大盛 AKAMORI 810	玉めし TAMAMESHI 590	温玉 ONTAMA 860		赤玉 AKATAMA 860
カレーライス CURRY RICE	カレー CURRY 490	大盛カレー OHMORI CURRY 590			あいがけ（牛めし・カレー）580　玉子入り50円増し		大盛あいがけ 720
カツ牛めし KATSU GYUMESHI	カツ牛 KATSUGYU 780	中カツ CHUKATSU 860	大カツ OH KATSU 940	赤カツ AKAKATSU 1110	カツ玉 KATSUTAMA 830	中カツ玉 CHUKATSUTAMA 910	大カツ玉 OHKATSUTAMA 990　赤カツ玉 AKAKATSUTAMA 1160
カツカレー KATSU CURRY	カツカレー KATSU CURRY 730	中カツカレー CHUKATSU CURRY 790	大カツカレー OHKATSU CURRY 850				
カツミックス KATSU MIX	ミックス MIX 820	中ミックス CHUMIX 900	大ミックス OHMIX 980	赤ミックス AKAMIX 1150			

牛めし卵入り大盛り (800円)

現在、調理場に立つのは2代目の息子さん。創業者で、先代の母親から引き継いだレシピを忠実に守り、当時のままの味を提供している。生玉子を白ごはんに乗せ、その上に牛めしの具をかけるのが三品食堂流。「柔らかく煮た牛肉とシャキシャキ食感の国産タマネギがたまらない」と常連が言う、絶品の牛めしだ。

創業50年の個人経営牛めし店

壁には早大生の寄せ書きがびっしり!!
歴史と伝統が刻まれた店内は必見

取材中も、学生さんらしきお客さんがひっきりなしに入っていた。店内の壁には、早大の卒業生の寄せ書きが貼られ、「三品食堂が最高のご馳走でした!」という愛のあるコメントが並んでいる。そんな学生たちに、特に人気なのが「カツ玉ミックス」(990円)。「カレーのルーもうちで作っている」(店主)という昔ながらの黄色いルーに、揚げたてサクサクの分厚いトンカツと牛めしを組み合わせた、大ボリュームの一品。「カレーと牛めしの相がけの部分を、銀色のスプーンでかきこむのが至福の瞬間!」とは常連の弁。特大を食べる学生さんもいるそうなので、大食い自慢はぜひ!

カツ玉ミックス (990円)

黙飯
MOKU MESHI

ラーメンYAMAちゃん

インスタ女子ガン無視

ハズレっぽい…

男でも入るの怖い…

▶「チキン野郎は絶対に初見で入れない外見のラーメン店が色々悪魔すぎてヤバイ」

入るのには勇気がいるけどウマい!!

怪しい光の先にある
悪魔的おいしさのラーメン!!

　昭和的なタイル張りのビルの一階にあり、目印は、深夜に怪しく光る赤色の看板。一見客を寄せつけない雰囲気の店だが、常連客は、「ここのラーメンは1度食べるとやみつきになる」と口をそろえて言う。中でも、濃厚トンコツスープがベースになった「味噌ラーメン」（650円）は、タレに一晩漬けこんだ豚バラ肉がのっていて絶品。そこに、おつまみメニューの「アボカド」（250円）を組み合わせるのが定番で、悪魔的おいしさだという。

アボカド（250円）

味噌ラーメン（650円）

【店舗情報】

【店名】ラーメンYAMAちゃん
【住所】東京都杉並区上荻4─21─11 西荻国際第一マンション 1F
【営業時間】18時～翌1時
【定休日】月曜日

ラーメン（600円）

シューマイ（280円）

ラーメン（600円）の麺には、店主こだわりの『林製麺』の中太麺を使用。また、豚ガラをメインに、良質な鶏皮を組み合わせた透明感のあるスープに、店特製の背脂とニンニクをきかせた病みつきになる味わいだという。スープまで飲み干すお客さんも多く、深夜に食べると背徳感MAXの一杯だ。

ラーメン店で晩酌を楽しみたいという左党には、『YAMAちゃん』の「シューマイ」（280円）がオススメ。あふれんばかりの肉の餡が詰まった一品で、厨房にある中華せいろで蒸して、ふんわりムチムチ食感に仕上がっている。瓶ビールとシューマイを楽しみながらラーメンを待つのが常連流だとか。

悪魔的ラーメンを出すお店

秘伝タレに漬けた絶品チャーシュー！

塩チャーシュー（860円）

まるでステーキ!! ホロっと崩れる絶品チャーシュー

「家系総本山の『吉村家』が横浜市新杉田にあったころは、お客さんは仕事終わりの朝4時に通っていた。だから、自分の中でラーメン屋と言えば深夜！」と、店主。『YAMAちゃん』も深夜営業でラーメンマニアに愛されているという点で共通している。特に、黄金色のスープに巨大なチャーシューがのった「塩チャーシュー」（860円）は注文必須の一品。

63

「ワンオペで人件費分を客に超還元。スーパー女将の特大もつ煮野郎メシが凄い」

黙飯 MOKUMESHI

もつ乃

【店舗情報】

【店名】もつ乃

【住所】神奈川県愛甲郡愛川町棚沢877−5

【営業時間】10時45分〜17時

【定休日】木曜日

ワンオペで安く旨く!!

トラック運転手たちが愛する!! 美人女将が作る絶品もつ煮込み

物流の要所・厚木市のすぐ隣りの愛川町にある行列店。メディアにも取り上げられた美人女将がひとりで切り盛りをするお店で、人件費を浮かし、その分を料理に還元しているという。大きな通り沿いにあり、2台分の駐車場も備えた店舗は「トラック運転手さんが来てくれたら」との女将の思いが。また、この店の看板商品のもつ煮込みは、「家庭で作るのが大変だから」（女将）という優しさからだとか。

そんな女将の料理を求め、昼時の店内は働く男たちでいっぱいに。その評判から、近年は県外から訪れる客も多い。

煮込み（600円）

64

もつカレー(800円)

静　岡県の名物に"もつ煮カレー"があるよと聞いて…」(女将)と、ふとした思いつきで始めたものが、今や一番人気のメニューに。たっぷり盛られた長ネギは、こだわりの鳥取県産で、食感と香りが抜群。開店後1時間で完売する日もあるそうで、確実に食べたいときは開店直後を狙うのがよさそう。

こ　の店のもうひとつの名物が、"マンガ飯"と称される山盛りの白ごはん。「煮込み定食(味噌 醤油)」(850円)なら、そのごはんに看板商品のもつ煮込み、玉子焼き、みそ汁がついてくる。取材中には、そのボリュームに「感動!!」との声を挙げたお客もいた。

煮込み定食(味噌 醤油)(850円)

美人女将が作る特大もつ煮

とろけるような食感！

濃厚もつ煮と玉子焼き!!
家庭的なおいしさに胃袋をつかまれる

　女将は、『もつ乃』を始める前まで料理店は未経験。ただ、「色んなお店のもつ煮を食べて勉強した」(女将)という情熱で自分だけの味を生み出した。もつ煮込みは、王道のみそ味とニンニクの香りを際立たせた醤油味の2種類。また、常連に大人気の玉子焼きは、明太子など、さまざまな味が楽しめる名わき役だ。

65

金屋食堂

店舗情報

【店名】金屋食堂

【住所】福岡県朝倉市甘木1044−5

【営業時間】（平日）19時〜24時　（土日祝）19時〜翌3時

【定休日】不定休

激混みワンオペ。

ワンオペ深夜食堂。

深夜0時。

金屋食堂 22−3758

金屋

▶「深夜0時大繁盛。注文溢れるピーク20席を一人で回す鉄人職人の深夜食堂。」

"日本一のだし巻き卵"で大盛況

明太だし巻き玉子（750円）

妥協なき味！

深夜0時でも客足が途絶えない 和食の鉄人がひとりで回す行列店!!

　昼は食堂、夜は居酒屋になる老舗『金屋食堂』。朝倉市で創業し65年超、地元民に愛されてきたお店だ。弱冠27歳で、先代の母親から店を引き継いだ三代目は、それまで京都、大阪、福岡の飲食店で腕を振るった、たたき上げの料理人だという。そんな店主が考案したのが、「明太だし巻き玉子」（750円）。「日本一のだし巻きを目指した」（店主）との言葉通り、いりこだしなどをたっぷり使ったこだわりの一品で、すでに数々のメディアでも取り上げられるほど大評判だとか。

66

特製チャンポン（600円）

「金屋食堂」は深夜営業ということで、飲み会のメに立ち寄るお客さんが多い。そこで人気なのが麺類だ。「肉うどん」（650円）などの定番も捨てがたいが、特に、常連に人気なのが、「特製チャンポン」（600円）。熱々に炒めた野菜と、乳白色の濃厚スープが多くのお客さんの胃袋をつかんできた。

赤ムツの煮つけ（1000円）

この店のもうひとつの魅力が、店主の人柄。サービス精神が抜群で、深夜帯をワンオペで回しつつお客さんとの会話を楽しむ。和食店にいた経歴もあり、その日だけのお任せ料理も出してくれる。取材当日は、「アカムツの煮つけ」（1000円）が登場。ホロっと崩れるほど柔らかい身と、濃厚タレが絶品だった。

本格和食の深夜食堂

カツ丼（650円）

庶民的料理から本格和食まで!! 昭和の食堂に並ぶ絶品料理の数々

「趣味は料理」（店主）との言葉通り、これまで数々の新メニューを考案してきた3代目だが、中でも、こだわっているのが海鮮系だという。かつては寿司屋での修行経験もあり、自ら選んできた厳選の魚のみを使った刺身の盛り合わせが大人気だ。「ここの刺身は料亭にも負けない」とは常連の弁。また、揚げたてサクサクのトンカツがのった「カツ丼」（650円）など、定食屋メニューをあえて深夜に食べるという楽しみもある。

黙飯
MOKU MESH

ラーメン八ちゃん

夜２３時０し閉店
6席ワンオ
90万再生

９０分で１００杯完売...

「75歳が1人で僅か90分で100杯売る1坪の立ち食い屋台ラーメンが凄い」

深夜でも売り切れ必至!!

この道30年のベテランが作る
昔懐かしの屋台ラーメン

飲み会帰りのサラリーマンが屋台でラーメンを食べる──。そんな光景が過去のものになりつつある昨今には、貴重なお店だ。店を切り盛りするのは、75歳を超えた職人。この道30年のベテランで、深夜の街中にさっそうと現れ、相棒のワゴン車をあっという間に屋台へと変身させる、その手さばきはもはや芸術の域。看板商品の「ラーメン」(700円)は、醤油ダレに鶏ガラ、タマネギ、シイタケなどを合わせた特製スープが売りで、その滋味深さにとりこになり、つい深夜に訪問してしまう常連も多いとのこと。

[店舗情報]

【店名】ラーメン八ちゃん

【住所】神奈川県横浜市戸塚区上倉田町７６９－１

【営業時間】23時〜翌4時半

【定休日】日曜日、祝日

68

チャーシューメン（1000円）

基本となるラーメンのほかにメニューは3種類。中華ラーメンにメンマをたっぷりのせた「メンマラーメン」（700円）も人気だが、常連が口をそろえて薦めたのは「チャーシューメン」（1000円）だった。しっとり柔らかくジューシーなチャーシューが4～5枚のっていて、味も量も抜群だという。

ニンニクラーメン（800円）

取材中、男性客が絶賛していたのが「ニンニクラーメン」（800円）。おろしたての生ニンニクの辛み、香りが食欲を刺激するスタミナラーメンで、中には、「これを食べた帰りは奥さんにすぐバレる」と苦笑いをするサラリーマンも。その精がつく味わいは、仕事帰りの人にとって最高のご褒美だろう。

幻の屋台ラーメン

昔懐かしの夜鳴きそば！

閉店前に売り切れる日も多々!! 1日80人超が訪れる超人気店

取材当日は、閉店時間より2時間も早く、ラーメンが売り切れてしまった。用意した食材を出し切ると、店を閉めるほかないのが屋台の宿命。「やってる？」と暖簾をくぐってきたお客さんを申し訳なさそうに断る店主の姿が今も目に焼き付いている。「まだまだ現役バリバリだけど、日増しに体力が落ちてる」と、店主。超人気店だけに、末永く続いてほしいと思う。

黙飯
MOKU MESHI

中華料理東東

【店舗情報】

【店名】中華料理東東

【住所】千葉県松戸市紙敷1丁目14−4

【営業時間】10時〜21時15分（平日15時〜17時休憩）

【定休日】月曜日・火曜日

女子大生が店長の町中華
（20歳）
狂ったチャーハン出すw

「朝7時から夜10時まで働きまくる現役JDの町中華のチャーハンがイカれてるw」

現役女子大生店長が考案し

SNSでバズったデカ盛りが凄い！
ステーキとチャーハンの最強タッグ

　最強メニューのステーキチャーハンができたきっかけは、三代目店長の「ステーキが食べたい」がきっかけ。しかし近くにステーキが食べられる店がなかったことから"自分が食べたいもの＋お店の料理"を組み合わせたら美味しいんじゃないか」という発想で出来たのがこのステーキチャーハン。1ポンド（約450ｇ）の肉で埋め尽くされて、チャーハンが見えないほどの量。プルプルで柔らかく焼き上げられた熟成ヒレ肉と豪快に食らうチャーハンがバカ美味い。ハーフポンド（約220ｇ、1500円）でも十分なボリュームだ。

ステーキチャーハン（2900円）

ドデカハンバーグチャーハン（1100円）

チ チャーハンの上に、中までじっくり火を通した俵型の自家製ハンバーグ200gを乗せた食べ応え満点の「ドデカハンバーグチャーハン」。ハンバーグから食べるもよし、チャーハンから食べるもよし、贅沢に一緒に食べればさらに美味し。チャーハンとハンバーグが奏でる夢のコラボだ！

うまにそば（900円）

白 菜、椎茸、人参、きくらげを煮たら水溶き片栗粉でとろみをつけ、麺の上に盛ったあと、最後にうずらの玉子を乗せて、うまにそばの出来上がり。見た目からして美味しそうなトロトロのあんが食欲をそそる一品。モチモチ麺とあんがよく絡んで美味い。程よいサイズの野菜の食感が最高だ。ちょこんと乗ったうずらの玉子がうれしい！

たデカ盛りが人気の老舗町中華

町中華に懸ける本気！

創業43年の老舗町中華を進化させた店主と幼馴染みの女子大生コンビ

　二代目店主の母親（初代は祖父）から店を引き継いだ三代目店長は現役女子大生。店長と共に店を切り盛りする女性スタッフは店長の幼馴染みで、こちらも現役女子大生。SNSにデカ盛りメニューをアップしたところバズり、女子大生店長という話題性もあり有名店に。「メニューにデカ盛りが多いのは三代目店長になってから。話題性だけではなくて味で魅了したい。もっといろんな人に味を知ってもらいたい」と話す彼女の町中華へ懸ける想いは本気だ。

餃子（440円）

日本一の
常時満席
爆売れメガ餃子

▶ 群馬の田舎で信じられない行列大繁盛。
餃子とラーメン爆売れ町中華

黙飯 MOKU MESS

陽気軒

店舗情報

【店名】陽気軒
【住所】群馬県高崎市吉井町塩川37−4
【営業時間】11時〜20時
【定休日】毎月15日、26日（臨時休業あり）

群馬の田舎に大行列!!

手間ひま惜しまずまごころ込めて 丁寧な味が店のモットー

　朝6時半から麺を打ち、スープ作りも餃子の具も、全部店主一人で仕込む。「チャーシューに紐を巻くのは先代の親父から受け継いだ作り方。巻く意味は肉の形の形成。ウチみたいに肉に紐を巻く店は今はあんまりないですね」と2代目。店の壁に「手間ひま惜しまずまごころ込めて」と貼ってあるように、丁寧な仕事が2代目のモットー。「手間かけないとこんな田舎で商売できないですよ」と笑うが、その田舎で行列ができる超人気店に。もともとは東京の池袋(椎名町)に店を構えていたが先代が40代のときに現在の場所に店を移してすでに46年。創業61年の老舗店だ。「自分が60になったら一回仕切り直して元の場所(池袋)で通用するかどうかやってみたい。先代が東京でやりたかったことを自分ができれば親孝行になるかな」その言葉に2代目の中華に懸ける熱い心意気を見た。

あぶり焼きチャーシューメン（850円）

丁寧に肉の余分な脂をカットした豚バラ肉に紐を巻いて焼く。一度焼くことで肉の旨味を中に閉じ込めてから煮てチャーシューを作る。さらに客に提供する前にもう一度焼いて熱々柔らかい状態にしてから出す一手間が美味しさの秘訣。つるっとした縮れのある自家製麺が煮干しで取ったスープにからんで美味い！

ジャンボギョーザ（500円）

胡麻油と酒とラードに豚肉と大量のキャベツを練り込んで焼き上げたドデカサイズのジャンボギョーザ。ボリュームはあるが野菜がたっぷり入っているため、意外とあっさり食べられて美味しい。店内はもちろん、持ち帰りでギョーザを買っていく客がひっきりなしに来店。1日千個(200人分)出る爆売れメニュー。

餃子とラーメンの爆売れ町中華

美味さを追求したラーメン！

先代から受け継いだ味をさらに美味しくする2代目の中華魂

普通のチャーシュー、炙りチャーシュー、ナルト、角煮、味玉、メンマ、ネギ、ノリ…全部の具材が賑やかにラーメンを彩る"全部のせラーメン"。煮干しが効いているスープがめちゃくちゃ美味い！当初は鰹節、鯵節、鯖節…と試して今の煮干しになったという。煮干しでも使うのは小さいうるめ。「大きいとハラワタがあって雑味が出るから小さいのをわざわざ頼むようにしてる」のが店主のこだわり。「先代のときは町の中華食堂のような感じ。自分になってからラーメンに力を入れた。先代の作り方をしているのは餃子だけ」と話す2代目は今でも毎日いろいろ試して、いいものがあれば取り入れて自分の味にする。老舗の味を守りつつ、常に美味さを追求し続けるのが人気店の理由だ。

全部のせラーメン（850円）

黙飯
HOKU MESI

さかさ食堂

【店舗情報】

【店名】さかさ食堂

【住所】茨城県古河市下辺見2219

【営業時間】11時〜14時／17時〜20時半

【定休日】日曜日

※現在は夜営業のみ

採算度外視ニキ

▶「計算とか苦手！ガハハ！原価率7割越えのメニューが並ぶ豪快親父の大衆食堂！」

採算度外視のボリューム

チャーシューがたっぷり入った
人気のゴロゴロチャーシュー炒飯

「ウチはラーメンよりチャーハンがいっぱい出る」という人気の「チャーハン」。人気の秘密は、たっぷり入ったゴロゴロのチャーシュー。初めてのお客さんはチャーシューがいっぱい入っていることに喜んでくれるという。何度も通う常連客の中には「チャーシューが多すぎるから少なくして」と言うほど大量に入ったチャーシューは、毎週15kgは使う。「チャーハンでチャーシューをいっぱい使うからすぐになくなっちゃう」とこぼすのは店を切り盛りする奥さん。「それがよくてお客さんが来るんだから。よそと同じでは意味がない」それが店主の採算度外視の太っ腹なこだわり。チャーシュー、ネギ、ナルトが入ったチャーハンは、しっとりふっくらしたご飯で味付けはしっかり目。ネギの風味が効いた香ばしい香りが食欲をそそる。たっぷり入ったゴロゴロチャーシューが美味い！

コロッケ定食 750円

メンチカツ定食 800円

焼肉定食 950円

野菜炒め定食 850円

焼き魚定食 850円

肉ニラ炒め定食 850円

レバニラ炒め定食 850円

モツ煮込み定食 850円

餃子定食 700円

ベラエッグ定食

チャーハン（650円）

74

肉ニラ炒め定食（850円）

① 人前にニラ2束を使う太っ腹ぶりで、普通盛りでもボリューム満点。原価率7割という採算度外視の肉ニラ炒め定食は、お客さんから次々に注文が入る店の一番人気メニューだ。たっぷりのニラは艶々してシャキシャキ。玉ねぎも甘くて、濃いめの味付けの肉に合って美味い。白飯に合う最高の一品だ。

カレーライス（650円）

ご 飯が見えないくらいたっぷりかけられたカレーは、お皿からこぼれ落ちそうなほどボリューミー。玉ねぎ、ニンジン、ジャガイモが入った手作り感満載のカレーは中辛よりちょっと辛いぐらいの味で、玉ねぎの甘さが加わりご飯との相性も抜群。分厚いカツが乗ったデカ盛りの「カツカレー」（850円）も人気だ。

…味も最高の大衆食堂

鉄鍋を振る手つきも"パワフル！

ダンプの運転手から大衆食堂へ 職業が逆さだから"さかさ食堂"

もともとダンプの運転手だった店主は28歳で転職を決意。奥さんが食堂に勤めていたこともあって、「やることないし、ここを借りて"ラーメン屋やろう"って始めたのがきっかけ」だったそう。包丁も持ったことがなかったが、見よう見まねでやり始めて、"あれやろう、これやろう"ってメニューを増やしていった」のだとか。ダンプの運転手から大衆食堂へと職業が180度変わって、まるっきり逆さだから"さかさ食堂"。それが店名の由来。「大変だったよ、はじめは。腱鞘炎で全然ダメ」と笑うが、75歳を超えた今も重い中華鍋を振る手つきはパワフル。「役場に行ったら年寄り扱いされちゃうけど、自分はそう思わねぇ。まだまだ」と豪快に笑う姿は現役バリバリの料理人だ。

餃子タンメン一番

【店舗情報】

【店名】餃子タンメン一番

【住所】群馬県甘楽郡下仁田町下仁田362

【営業時間】11時半頃〜1時頃／17時頃〜20時頃

【定休日】3の付く日（臨時休業あり）

毎日18h▶370万再生オペ
メシは１００円サラ

毎月４８６ｈ働く鉄人

▶「全国から客が殺到。毎日朝5時〜夜11時まで1人で行列を捌く町中華の鉄人がヤバイ」

朝から晩まで一人で切り盛り！

師匠から受け継いだ味を守る
この地に移住した若き二代目

「師匠」と呼ぶ初代（８５歳）から味を受け継いだ若い二代目店主は、もともとこの地（群馬県）とは何の所縁もない。8年前にこの町が募集した地域おこし協力隊でやって来たことがきっかけで、後継者のいない店を継ぐことに。「料理もほとんどしたことがなかった」と言うが、先代のもとで3年間修業し、二代目として店を受け継いだ。以来、接客、調理、会計、清掃、皿洗い、すべて一人でこなす。「せっかく来てくれたなら、前向きにニコニコと帰ってくれたらありがたい」その想いでどんなに忙しくても笑顔を絶やさず師匠から受け継いだ味を守り続ける。

タンメン（650円）

チャーハン（750円）

チ ャーシュー、玉ねぎ、卵にご飯を入れて炒め、塩コショウ、旨味調味料で味付け、醤油を鍋肌から垂らし、最後に酒をかけて完成。大き目にカットした玉ねぎとチャーシューの食感が抜群にいい。コショウの効いたパラパラチャーハンだ。脂身の少ないチャーシューが柔らかくて最高に美味しい！

焼肉丼並（800円）

地 元で飼育された下仁田ポークを使った焼肉丼。分厚く大きな下仁田ポークを3枚、塩コショウ、旨味調味料で味付け、特製の甘口タレをかける。秋田県産の米を炊き上げた、ふっくらご飯の上に、美味しく焼き上がった肉を乗せて出来上がり。甘口タレがご飯とよく合い、分厚く大きい肉もペロリといける美味さだ。

地元で愛される老舗中華

創業58年老舗の味！

店の味を知り尽くした常連さんが注文する人気メニュー

昼時は店の看板メニューのタンメンと餃子がメインだが、夜の部になると常連さんがそれ以外のメニューを注文する。揚げたてのカツをタレにくぐらせて、タレをかけたご飯に乗せる、卵でとじないカツ丼。ソースの染みた熱々のカツ丼は、肉厚なカツとご飯をかっ食らう男飯だ。茹でた太麺を使った「焼きそば」（550円）は、野菜のシャキシャキ感と太麺のもっちり感がジャンクな味わいの絶品！

カツ丼並（800円）

黙飯 MOKU MESI

長崎ちゃんぽん

【店舗情報】
[店名] 長崎ちゃんぽん
[住所] 神奈川県川崎市高津区溝口5丁目24—11
[営業時間] 11時半〜23時
[定休日] 火曜日

18時間チャーハンを作り続ける鉄人の1日
300万再生
エグすぎる

朝8時出勤　　深夜2時帰宅

▶「毎日18時間働く常識ぶっ壊れ47歳鉄人店主のリアルすぎる1日がエグイ」

デカ盛りチャーハンとちゃ

こだわりのカマボコが入った野菜たっぷりのちゃんぽん

モツ煮込み（800円）

ちゃんぽん（1100円）

野菜たっぷりのちゃんぽんは店の看板メニュー。イカ、エビ、アサリなどの海鮮もたっぷり入ってボリューム満点。具材を絡めて麺と食べると最高に美味い。無料のサービスライスも付ければ腹パンパンだ。チャーハンでも使われているカマボコは長崎の島原から送られてくる店主のこだわりの品。「1枚で凄い高いけど、凄く味が好き」というカマボコはぷりぷりした歯ごたえでちゃんぽんとの相性抜群だ。店の二枚看板メニューのチャーハン、ちゃんぽんと並ぶ主力メニューがもつ煮込み。丁寧に下処理したもつは臭みがなく柔らかくて美味い。もつ煮をアテにビールを飲む常連客も。ネギたっぷりのもつ煮込みは、お酒にもご飯にも合う人気メニューだ。

78

皿うどん（1100円）

チャーハン大盛（1400円）

熱々の餡がかかった皿うどん。エビ、イカ、アサリ、カマボコ、ちくわ、もやし、たっぷりの具材が入って、かなりの大きさで一人前。パリッとした揚げ麺と絡めて食べると美味しい。ライスが欲しくなるヤツだ。ウスターソースをかけて食べるのも美味しい。お店に行く機会があればぜひ試して欲しい。

ヤバいほどどデカいチャーハン大盛。2人でシェアしても食べきれないほどのもの凄いボリューム。大盛というより"山盛り"だ。チャーハンに使うネギが大量に仕込んでも足りなくなるほど注文が入る店の看板メニュー。もちろんボリュームだけではなく、味もしっかりと美味しい。食べきれないときは持ち帰りできるのもありがたい。

んぽんが二枚看板の人気店

一日17時間鉄鍋を振る！

ほぼ年中無休で休憩なし 厨房に立ち続ける鉄人店主

今年48歳になる店主は31歳でこの店を始める前の13年間、昼は土木のリース会社で働き、夜は父親のちゃんぽん屋でバイトする毎日。仕事が休みの日曜日もバイトを休まず、ちゃんぽん屋で鍋を振っていたという。独立して店を出してからも一日中厨房に立ち続け、ほぼほぼ無休で店を切り盛りする。「よく俺生きてんなと自分でも思う」と自分でも感心するほど働きっぱなし。仕事を長く続ける秘訣は「楽しく、だらだらと、ゆったりとやること」。その言葉とは裏腹に、ひっきりなしに入る注文を次々と作っては出し、作っては出し。重たい鉄鍋をひたすら振り続ける店主の体力は凄まじい。朝8時から仕込みを始め、深夜2時に帰宅。まさに鉄人そのものだ。

※一部メニューは現在休止中。

▶ 「ここは県民しかわからん…狂火力で作る唯一無二の広島風お好み焼きが鬼売れ」

日本一の高温鉄板で独自

焼き方はすべて自己流…
邪道を貫き地元の人気店に

88歳になる初代店主は今も現役で厨房に立つ。38歳で店を始める前は地元岡山でサラリーマンをしていたが体を悪くして退職。もう亡くなった奥さんが三重県出身だったことから、当初は馴染みのある大阪風のお好み焼き店を始めるつもりだったという。創業当時は広島のお好み焼きがどういうものか分からなかったのですべて店主の自己流の焼き方。「昔ながらの広島焼きの店とうちの焼き方は全然違う。広島のお好み焼きはうちみたいにスープをどばーっとかけない」と笑う。以来50年ずっと同じ焼き方を貫き、今では地元の人たちに愛される名店となった。二代目店主と親子並んで鉄板の前に立ち、熟練した手さばきで御幸伝統の味を守り続ける。

左の縦書き見出し：

ヤバ旨になる事を発明した店

日本で初めて広島風のお好み焼きを狂火力で一瞬で作ると

左端：

黙飯 御幸
MOKU-MESHI

店舗情報

【店名】御幸

【住所】広島県竹原市中央5丁目9−1

【営業時間】11時〜16時（店内飲食）、11時〜19時（テイクアウト）

【定休日】火曜日

50年ずっと同じ焼き方！

広島風・ミックス焼き (1100円)

肉・イカ・玉子が入ったミックス焼きは大人気。中がフワッと優しく仕上がっていて、ソースやキャベツの風味をしっかりと感じられる。どこか懐かしい味わいだ。

220円で追加注文可能。酒処の竹原だからこそ生まれた御幸オリジナルメニューの「たけはら焼き」(1000円)もおすすめ。酒粕を練り込んだ生地を使い、キャベツの自然な甘さと酒粕の風味が味わえる。

麺ダブルは

の焼き方を貫く人気お好み焼き店

自慢の高温鉄板で一気に焼き
旨味を閉じ込めてふんわり仕上げ

「何が自慢かって、鉄板の温度が300度以上あって、他の店より100度ぐらい高い」と話す二代目。高温の鉄板で一気に焼き上げるのが御幸流。鉄板が隠れるほどの蒸気が立ち上がる。しかし御幸流の焼き方は、創業当初はその独自のやり方に「邪道」と呼ばれることもあったという。「うちは一気に焼いて旨味を閉じ込めながらふんわりと焼く」(女将) の言葉通り、旨味が凝縮されたお好み焼きは絶品。「鉄板の温度が緩かったら早めに粉をひいたり、熱かったら早めにスープをかけたり、ちょっとずつ変えてる」(二代目)と、鉄板の温度によって焼き方や焼く順番も少しずつ変えるのが美味しさの秘訣。人気の「広島風・御幸焼き」(1300円)はエビとスルメイカの魚介も入って美味い。こだわりの一品料理では、しっかり出汁が染み込んだ手づくりのおでんも人気だ。

81

ラーメンとんかつ忠

失われるワンオペ職人技
これが昭和の町中華

「令和じゃムリ…注文ラッシュをワンオペで捌く昭和の職人がヤバ過ぎる」

職人技で驚異のワンオペ…

ダンスのように調理する まさに昭和の凄腕職人!!

創業40年以上の老舗町中華。70代の店主は、これぞ"昭和の職人"という熟練した手さばきで何種類もの注文をたった一人で同時にこなしていく。昼のピーク時に次々に入る注文を段取りよく無駄のない動きで踊るように調理する姿は、かつて"蝶のように舞い蜂のように刺す"と称されたモハメッド・アリにも似た、まさに昭和の凄腕職人技。もちろん味も老舗の味で一級品。たっぷり野菜の乗った五目ラーメンも美味い！

五目ラーメン（880円）

店舗情報
【店名】ラーメンとんかつ忠
【住所】宮城県仙台市太白区長町3丁目8―26
【営業時間】11時～20時
【定休日】第3水曜日

麻婆焼きそば（850円）

き肉とネギを軽く炒めたところにタレとラーメンスープを入れ、そこに豆腐を投入。片栗粉でとろみをつけ麺の上に乗せたら、仙台名物の麻婆焼きそばの完成。濃いめの味付けでもペロリと食べられる。大盛にすればよかったと後悔するほどの美味しさ。ラーメンの上に麻婆が乗った麻婆ラーメンもおすすめ。

ひ

かつ丼（990円）

っかりとした濃い目の味つけで玉ねぎ多めのかつ丼。かつの下にしかれた玉ねぎに味が染みて、そのタレがさらに下のご飯に染み込んで食欲をそそられる。むしゃむしゃガツガツいける男の丼だ。ほどよい揚げ加減でカラッとした衣と、大きくて肉がほぐれるほどのとんかつ定食（1050円）も人気だ。

し

失われつつある昭和の町中華

メニューは約51種類と豊富 中華と洋食が楽しめて◎!!

値段も昭和並みの安さ!

ラーメンととんかつ以外にも洋食、中華、様々なメニューが約51種類。じっくり煮込んで作るスパイシーなカレーと揚げたてサクサクのカツが乗ったカツカレー（990円）も人気だ。名物のA、Bセットはラーメンに半ライス、サラダともう一品（一口カツ、若鶏のソテー、オムレツ）が付いて、ラーメンと洋食が同時に味わえて1050円とお得。「安すぎて儲けがないよ」と店主が笑うように、ラーメン560円は今の時代確かに安い。値段は昭和並みだが一切手抜きはなし。生姜焼きのタレに使うニンニクはミキサーを使わず手で擦りおろす。「ミキサーで擦りおろすと味が大雑把になる」という理由で創業以来40年以上、店主自ら手で擦りおろしている。これも昭和の職人のこだわりだ。

やすもり尼崎本店

「関西で最恐にディープな街の働く男達の庶民めしが全国区にブレイク爆売れ状態」

二代目店主が一人でさばく

目の前の鍋を店主が調理 店主のしゃべりも楽しい

目の前の鍋を店主がワンオペで調理してくれるのがこの店のスタイル。お客さんはお酒とお通しのカクテキを楽しみながら鍋を待つ。「もやしとニラから食べてね。手前に下ろして汁気につけたら食べる。もやしは生でも食べられるから早めに食べてね」「ぼちぼちてっちゃんもいけるよ」と食べ頃になると店主から声がかかる。店主の冗談を楽しみながら鍋をつつくのが楽しい。もやし、ニラ、豆腐、糸こんにゃく、たっぷりの肉と甘辛い秘伝のタレ。病みつきになる味だ。

【店舗情報】

【店名】やすもり尼崎本店

【住所】兵庫県尼崎市神田中通3丁目85

【営業時間】12時～22時半（水・木）、12時～23時（金・土）、12時～21時半（日・祝）

【定休日】月曜日・火曜日

てっちゃん鍋(1980円)

甘辛いタレとぷりっぷりのてっちゃんがたまらなく美味い名物の「てっちゃん鍋」。生でも食べられるシャキシャキのもやしも美味しい。〆のラーメン(ラーメンかうどんを選択)は溶き卵を上にかけるのがおすすめ。もちもちした食感の麺にタレがからんだ熱々のラーメンは、〆に食べると最高に幸せな気分になれる。

「てっちゃん鍋」の超人気店

ぷりっぷりのてっちゃんが美味い！

高架下にある感じがたまらない 昭和の雰囲気が料理にプラス!!

高架下に店を構えて51年。コの字のカウンターのみの店内が昭和の雰囲気を醸し出す。初代店主(母)から店を継いだ二代目(息子)がほぼ一人で店を回している。「自分の親が嫌なことも我慢して一生懸命に店作ったんだから、僕はこの店の中で死んでも本望やと思ってるしね」と店に懸ける熱い想いを語る二代目は、コンビニのおにぎり1個で朝から晩まで鍋を作り続ける。基本はてっちゃん鍋セットとお酒やおつまみを楽しみつつ、単品メニューをつまむスタイル。単品メニューで一番人気は「生センマイ」(650円)。タレをたっぷり漬けていただく。週末は昼飲みからお客さんが来てずっと空席待ちの状態。しゃべりが達者な店主の人柄とてっちゃん鍋を存分に楽しめる。

立喰 天亀そば

【店舗情報】

【店名】天亀そば
【住所】東京都千代田区鍛治町1丁目7—9
【営業時間】24時間営業
【定休日】土曜日、日曜日

4畳に600人 立ち喰いそば
（激狭）
100万再生
20秒でそば
深夜3時〜朝7時がヤバイ

「20秒で340円そばを出し4畳で600人の客をさばく
24営業の立ち食いそば屋が凄い」

自家製天ぷらが自慢の

特製出汁と素材の味を活かした
豊富な種類の天ぷらが味わえる

かき揚げ（110円）、ちくわ天（110円）、玉ねぎ天（110円）、えび天（170円）、春菊天（130円）、あじ天（160円）…など、品数豊富な天ぷらがメニューにずらりと並ぶ。素材の味を活かし、創業以来すべて店で揚げているこだわりの天ぷらが自慢。店員さんは接客の合間に必要な数をそのつど揚げて、客の注文時に「かき揚げが揚げたてだよ」と、揚げたての天ぷらを教えてくれる。ゲソ天そばはボリューム満点のゲソ天が乗った人気メニュー。イカの食べ応えが抜群で、濃いそばゆつに浸して食べると美味い。人気のゲソ天は一日に何度も揚げて、常に熱々を提供。玉ねぎが混ぜてあるのでボリューミーだ。

ゲソ天そば（530円）

カレーうどん(510円) **コロッケ**(110円)

わかめそば(440円)

うどんにそばつゆを注ぎ、その上に自家製カレーを盛りつけ、さらにその上にきつね色に揚がった美味しそうなコロッケとネギを乗せたカレーうどんのコロッケ乗せ。サクサクしてジューシーなコロッケが美味しい。カレーのピリ辛感と出汁の甘みがたまらないハーモニーを奏で全部飲み干してしまうほどの美味さだ。

かめそばに生卵(70円)のトッピングは相性抜群。黄身を混ぜると濃い目の出汁によく合う。黄身をからめて食べるそばが最高に美味くて、深夜でもペロリといけてしまうほど。そばつゆは昆布と鰹から出汁を取ったこだわりの自家製手づくり。ついつい飲み干してしまうお客さんが続出してしまう美味しさだ。

老舗立ち食いそば

特製いなり(100円)

カレーとそばの最高のコラボ！

そばとセットで食べると美味い
特製いなりとカレーも絶品！

昆布、人参、椎茸、紅ショウガ、胡麻…具材をお酢の効いたご飯に混ぜ合わせて作る具だくさんの特製いなり。ほんのり甘く酢飯が効いたいなりは、そばの出汁と一緒に食べると最高に美味い！人気の天亀セットは、そばとカレーの最高のコラボ。出汁を効かせた手作りのカレーの具は玉ねぎ、生ニンニク、豚バラ肉など。スパイスが効いたピリ辛のコクのあるカレーはたまらない美味しさ。わかめ、油揚げ、天かす、ネギが乗っているそばとのセットで650円は安すぎる。創業50年、24時間営業で人々の食を支え、多くの人に愛されている立ち食いそば屋だ。

手打ちらーめん 勝龍

【店舗情報】

【店名】手打ちらーめん　勝龍
【住所】新潟県小千谷市千谷川2丁目8ー8
【営業時間】10時〜21時
【定休日】火曜日

8K ULTRA HD

▶「1日650杯！高速ラーメンショー開演！ド迫力の厨房ライブで客が見入ってしまうラーメン店！」

1時間に100杯さばく！パワフル店主が豪快に作る「手打ちラーメン」！

自家製の太めの手打ち麺がモッチモチでとにかく美味しい。研究熱心な店主が家系の酒井製麺からヒントを得て、現在の太めの麺に行きついたという。具材が大胆に盛られたラーメンは無骨で飾り気のない漢のラーメンだ。

みそラーメン（1050円）

しおラーメン（1030円）

大盛り無料の大サービス！
格闘技好き店主のラーメン魂

50人ほど入る店内は常に満席で行列が途絶えない。活気ある店内に「まいど！」「ありがとうございます！」と、格闘技好きな店主のパワフルな声が響き渡る。1時間に100杯入る大量の注文をチームワークの取れた連携プレーでさばいていく様は、厨房がまるで格闘技のリングのようにも見える。「ここのラーメンに慣れると他の店の大盛りが普通盛りに感じる」というほどのボリュームで満足感あるラーメンだ。

チャーシューメン（1130円）

酔来軒

兄弟で営む超老舗町中華の爆売れ『酔来丼』！

「一瞬で無くなる目玉焼き120個！激安丼が爆売れの兄弟二人で営む中華食堂！」

店舗情報

【店名】酔来軒
【住所】神奈川県横浜市南区真金町1丁目1
【営業時間】11時〜21時
【定休日】月曜日・火曜日

注文の8割を占める大人気
オリジナル"名物酔来丼"

20年前に考案したオリジナルメニュー「名物 酔来丼」が飛ぶように売れていく。賄いを贅沢にアレンジして、チャーシュー、もやし、メンマ、ねぎ、目玉焼きがご飯の上に乗り、胡麻油と醤油ダレを混ぜたタレをかけ、お好みで辛子をかけて食べる。よくかき混ぜてタレとからめて食べると、ご飯が無限にすすむ美味さだ。これで４００円は安すぎる。スペシャル酔来丼（950円）も"隠れメニュー"。

創業80年以上、初代店主の祖父が始めた店を守り続ける三代目の兄弟。（兄）という独自のメニューが人気。椎茸がまるまる1個入った「椎茸シューマイ」（500円）、ミニトマトが肉団子の中に入った「トマトの肉団子」も名物メニューだ。

「朝仕込みしてる最中に急にアイデアが降って来る」

トマトの肉団子（800円）

五目かた焼きソバ（800円）

酔来丼（500円）

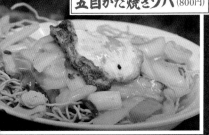

※一部メニューは現在提供されていない場合があります。

第4章
空腹こそスパ
行列ラ

並んでいる時間さえ楽しみ。
空腹でたまらないあなた
お待たせしました次のページへどうぞ！

黙飯 MOKUMESHI

ラーメンショップ柏原店

店舗情報

【店名】ラーメンショップ柏原店
【住所】静岡県富士市東柏原新田239-1
【営業時間】6時58分〜15時
【定休日】水曜日

朝食はパン？ ごはん？ いや、ラーメンだろ!!

朝6時58分開店
静岡の朝ラー文化が衝撃
400人前売れちゃう

▶「21歳の激若店主が400人の客を捌きまくる衝撃の朝ラーメン店が凄い」

ネギラーメン(850円)

ミニ炙りチャーシュー丼(400円)

豚 骨＆背ガラに、焼きアゴの煮干しを加えて炊いたスープ。豚骨ベースのスープに鶏ガラ、焼きアゴも加わることで奥深く後引く味に仕上がっている。コクはあるがあっさり系で、早朝の胃袋にも優しい。かえし（醤油ダレ）にはざく切りの玉ねぎが入っており甘味もプラス。

若き店主が幼馴染を誘って開業!!
丁寧な仕事と旺盛な想像力で◎!!

　6時58分に開店する鬼早ラーメンショップを切り盛りするのは、まだ20代前半の2人のイケメン。2人は幼稚園から高校まで同じ幼馴染だというから息はピッタリ。店主が誘った時、幼馴染は大学生だったが速攻で退学してラーメンの道へ入ったというから気合が入っている。開店が迫ると店主の姉もスタッフとして加わる。創作意欲も旺盛で「七味お酢チャーシューメン」など、個性溢れる逸品も。朝ラーには最適だろう。まだ若い店主だけに、今後さらに進化しそう。

92

柏王道家

家系ラーメン総本山、吉村家の元直系

「家系に革命を起こすお店のド迫力の厨房密着撮影！」

ねじり鉢巻き姿で現場を指揮 ラーメンに人生を捧げた漢!!

　自信、迫力、パワー……店主の醸し出すオーラで、「もうすでに美味い」と思える店。何も言わずとも無駄のない動きで働くスタッフと、これを見つめる店主。ベルリン・フィルハーモニー管弦楽団のオーケストラの如き美しき調和だ。家系に革命を起こすと言われるのも納得。

【店名】王道家 柏店
【住所】千葉県柏市明原1丁目7／26
【営業時間】［火〜土］11時〜15時 15時30分〜25時 ［日］11時〜24時
【定休日】月曜日

店舗情報

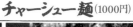
チャーシュー麺(1000円)

　店内には所狭しと巨大な寸胴が並び、大量の豚骨が高火力で炊きあげられている。白濁した濃厚スープ、でかい海苔、分厚いチャーシュー、ホウレン草……。こだわりのスープは、ライスとばっちり合うようなパンチのある濃いめ。手際よく濃厚スープを注いだかと思うと、巧みに網で麺を手繰り寄せ、最高のタイミングで丼へ。一度食べたら虜になるはず。

自家製麺まさき（非乳化）

オンリーワンの麺を提供するラーメン界の風雲児

ラーメンとうどんをミックスしちゃうイカレた行列店

ラーメンとうどんを融合させた謎の食べ物「らどん」を求める客で行列のヤバイ店

らーめん（880円）

各種トッピング（+α円）

常に行列が絶えない本店。名物の極太自家製麺は、ラーメンの麺というよりうどんを思わせる"らどん"は、強力粉主体のオーションにうどん粉（中力粉）を独自配合し作成。硬めは強いコシが、柔らかめはモチモチ。

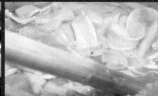

「単にラーメンを食べに来てもらうだけでなく"あの店面白いな〜"と言ってもらえるように…」

　店主のまさきさんの性格は奥さまいわく「頑固で向上心の塊」。1号店の『自家製麺まさき』（東京都昭島市）に続き、2号店を新所沢（埼玉県）に出店。「1号店と立地が似ていたこともあるが、最後はピンときたから」（店主談）とか。2号店の正式名称は『自家製面まさき（非乳化）』。麺が引き立つ非乳化のラーメンを提供したかったから出店したという。麺も1号店とは若干違うという。理由は昭島（1号店）と所沢（2号店）の水質が異なるからだとか。

【店舗情報】

【店名】自家製麺まさき（非乳化）
【住所】埼玉県所沢市松葉町30-23
【営業時間】
〔火〜土〕11時〜14時（L.O）18時〜21時（L.O）
〔第2・4日〕11時〜15時（L.O）
【定休日】第1・3・5日曜日、月曜日

黙飯
MOKU MESHI

ラーメン三浦家

"武蔵家総大将"
渾身の味を全身で感じろ!!

 ▶ 駅前を人で埋め尽くすカリスマラーメン職人の伝説のオープン日。

柴又帝釈天の参拝ついでにも行ける 行列が絶えない下町の"超人気店"!!

店主は18歳で飲食業界に身を投じ、家系ラーメンの雄「らーめん武蔵屋」では武蔵家総大将を任された三浦慶太氏が、自身の故郷である東京都葛飾区金町に出店。お客が絶えない人気店。店内はL字カウンターの11席。オープン日は台風が直撃し暴風雨だったが、最大300人の行列ができラーメン業界の新たな伝説を作った。

【店舗情報】
【店名】ラーメン三浦家
【住所】東京都葛飾区金町6丁目5-1
【営業時間】11時〜17時
【定休日】月曜日

特上ラーメン（1200円）

家系の王道である濃厚な豚骨のダシが、決してしつこくない。スープは濃い目だが、ライス（無料）と合わせることが前提。スープに浸した海苔でご飯を巻いて食べると絶品。穂先ワカメ、九条ネギなどのトッピング類も充実。「家系史上最高」と評価する声も。

95

黙飯
MOKUMESHI

ラーメン濱野家

食材＆製法に徹底的にこだわった新世代家系

10席を夫婦でブン回し

ラーメン濱野家

開店前から行列

1時間に50杯高速回転

▶「毎朝6時から5時間仕込み。僅か10席で1時間に50杯売る夫婦のラーメン店が凄い」

ラーメン（900円）＋味玉（150円）

味の秘密は、「お客さんからは"濃厚"なのにサッパリしている。鶏が効いてるよね"と言われます。自分は、豚骨ラーメンはメインの豚骨よりもサブの鶏で味が左右されると思っています」（店主）家系に革命をもたらしそうな予感。

店舗情報

【店名】ラーメン濱野家
【住所】千葉県市原市五井2442-1
【営業時間】10時〜15時
【定休日】日・月曜日

「家系ラーメンは豚骨がメインですがサブの鶏によって味が決まるんです…」

地元の八百屋からは新鮮な野菜、精米店からは地元市原の精米したてのお米を仕入れるという店主。食材にこだわっているだけではない。大人気のチャーシューは特注した窯で燻してからタレに漬け込み、一晩寝かせた本格派。お持ち帰りも人気だ。親族が作っているというキムチも絶品（これもお持ち帰り可能）。卵は中までタレが浸透。麺は家系の本流酒井製麺。ライスにはサービスでチャーシューの切れ端がついてくる（なくなり次第終了）のもうれしい。行列が絶えない人気店だが、並んで食べる価値のある逸品だと保証したい。

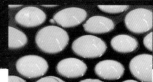

"BOSS"

96

370万再生

「チャーシューの量がぶっ壊れてる日本一の炒飯を求め全国から客が殺到」

肉々しくて超美味!!『至高の炒飯』

黙飯 MOKU MESI

丸鶴

店舗情報

【店名】中華料理 丸鶴
【住所】東京都板橋区大山西町2-2
【営業時間】［月〜木］11時〜14時50分 ［金・土］11時〜14時50分 17時〜20時
【定休日】日曜日

オレは厨房で2回心臓が止まったからね
厨房で死ねたら本望。それがオレの夢…

　真っ暗なうちから毎日一人で仕込みに励む大将。息子は元ホストでタレントの城咲仁さん。「今度値上げする時はやめる時。町中華は贅沢品じゃない。庶民の食事であり楽しみでしょ。だから値上げはできない。かといって手を抜いちゃこの商売はオシマイ。食べる人の身になんなきゃね。オレは2回厨房で倒れて脳梗塞も7回やって右手に麻痺も残っている。厨房の中で死ねたら本望だね」（大将談）

とび子チャーハン（950円）

レタスチャーハン（800円）

　一番人気は肉と米の比率が1：1かと錯覚させる大きな角切りチャーシューが入ったチャーハン。パラパラではなくしっとり系で激うま。で肉は少なくとも1日に45kgは使用するという。赤字覚悟の「とび子チャーハン」、シャキシャキ触感の「レタスチャーハン」も人気。常連はもちろん、遠方から足を運んでくるお客も多い。

たま家 多摩本店

朝7時に大行列 390円爆売れ朝ラー

▶「朝7時開店即満席→30分待ち大行列。爆速爆売れでも行列ができる超売れ麺屋。」

仲良きことは美しきかな…
夫婦で切り盛りする多摩の家系最強店

　朝7時の開店と同時に客がなだれ込む異様な風景。その店は東京西部の多摩に実在する。家系同地区No.1の呼び声高い同店の売りは小ライス付きで750円の「朝ラーセット」。昼のウリはねぎ飯セット、風味香るご飯を求めてお客さんが殺到。朝ラーの時間帯は戦場さながらの混み具合だが、店主と奥さまの絶妙のコンビネーションで回転は速い。店主の人柄ゆえか、混雑時もギスギスせず、ほんわかとした雰囲気で味わうことができるのも◎。駐車場(計8台分)があるのもうれしい。

ねぎ飯(190円)

朝ラー7:00〜 中盛 または 並盛小ライス付 **600円!** 朝ラーサンデー 日曜限定! 7時〜8時は なんと 390円!! ※朝ラーは朝10時まで。

【店舗情報】

【店名】たま家 多摩本店

【住所】東京都多摩市愛宕4丁目8−12

【営業時間】[水〜土]7時〜20時 [日]7時〜16時

【定休日】月・火曜日

チャーシューメン(890円)

スープは塩味が強くパンチがあるが、渋味深くコクがありさっぱり食べられる。上質な鶏油がまろやかな甘みを出している。家系には欠かせないライス類だが、基本のライス、ねぎ飯、TKG、ツナマヨ飯など、ご飯ものはサイズに関係なく同じ値段。豆板醤、フライドオニオン、高菜など卓上サービスも充実している。麺は長野県の老舗・酒井製麺の製造。

黙飯 MOKU MESI!

あなたの心を鷲掴み

18歳未満入店禁止の『超絶濃度』禁断スープ

人口7000人の田舎で
大癖店主
1時間待ちの超行列

▶「1年で絶対潰れるよ？→2年後爆売れ 超行列の大癖店主のラーメン店。」

のりたっぷり（150円）

鷲掴みとんこつ（990円）

お肉たっぷり（300円）

まず驚かされるのが、スープの濃度だ。色は白濁を通り越して茶褐色。ポタージュスープを超えたドロドロ口感……。果たしてどんな味がするのか、意を決して口にすると脳がバグるくらい美味。くどさもゼロだ。

【店舗情報】
【店名】あなたの心を鷲掴み
【住所】福岡県八女市立花町原島129-1
【営業時間】11時～15時
【定休日】月曜日

「骨・水・醤油」以外は不使用宣言 これが本物の豚骨スープじゃけん‼

18歳未満は入店禁止になった同店。大人だけが許される禁断の味は、化学調味料などは一切使用せず、「骨・水・醤油」だけで作られた純度100%の豚骨スープだ。「九州No.1濃度」の張り紙に嘘はない。高火力でスープ炊き上げる寸胴は、グツグツと地獄の釜さながら。超濃厚・半々・あっさりと3段階のスープが選べる。「鷲掴みとんこつ」は通常店の5～6倍のスープ濃度。通常の「とんこつ」で2倍だという。チャーシューをバーナーで炙ってくれる「きざみチャーシュー丼」も超美味。

99

黙飯
MOKU MESHI

どんとこい家

〔店舗情報〕

【店名】ラーメンどんとこい家
【住所】神奈川県横浜市保土ケ谷区和田1丁目11−25
【営業時間】4時〜13時15分
【定休日】月曜日

朝4時から行列ができる日本一早い繁盛店

ラーメン店史上最速の朝4時に開店（営業は13時半まで）。大人気の「朝めしセット」は、半ラーメンに肉のせライスがついて650円。他にも「昼めしセット」、「満腹セット」「学生セット」など、お得なセットが盛り沢山。

朝飯セット（650円）

Barで働いていたがラーメン店に転職 6年間の修業を経て独立した若き家系

「3種類の豚骨、2種類の鶏ガラで作っている」と店主が言うスープが絶品。センスの良さを感じる。麺は創業昭和46年の大橋製麺。モチモチの食感が人気だ。圧巻はチャーシュー。「塩とブラックペッパーを揉み込んで1日寝かせ、それを窯で焼いている。ローストポークのようなイメージ」と店主。卓上トッピングも充実しておりご飯系サイドメニューを加え自在にカスタマイズ可能。

チャーシューメン（900円）
ねぎMIX（100円）

日本最速 朝4時00分開店
どんとこい家
深夜の3時から行列
たった6席に230人殺到

▶「深夜3時に行列→朝4時開店の日本で1番早い朝ラーメンに殺到する230人」

100

ラーメン松野屋

黙飯 MOKU MESI

勝浦の山中にポツンとラーメン一軒家

山奥で超爆繁盛
人人人の大行列
昼は駐車場爆発

▶「山奥で満席行列の家族3人で営む小さな
ラーメン食堂の早朝の仕込みから。」

B級グルメ優勝の地元ソウルフード
家族経営が醸し出す「料理は愛情!」

　太平洋に面した千葉県勝浦市のソウルフードとして知られる「勝浦タンタンメン」の名店。醤油ラーメンのスープに、玉ねぎ、豚ひき肉、自家製ラー油で作った餡をたっぷりかけると完成。玉ねぎは甘味が強いものを使用しているため、辛みと絶妙のハーモニーを醸し出している。その他のラーメンや定食、サイドメニューも充実。店主と奥さま、娘さんの団らん家族経営が、お店を幸せで包み込む。

【店舗情報】

【店名】ラーメン松野屋
【住所】千葉県勝浦市松野658−1
【営業時間】11時〜19時
【定休日】日曜日

真っ赤なスープだが適度な辛みで、誰でも美味しく食べられる。鶏ガラをベースに魚介系のダシも加えたコクとキレの透明スープ。ぶっちゃけ、タンタンメンのベースとなる醤油ラーメンがそもそも激うまなのだ。

タンタンメン (830円)

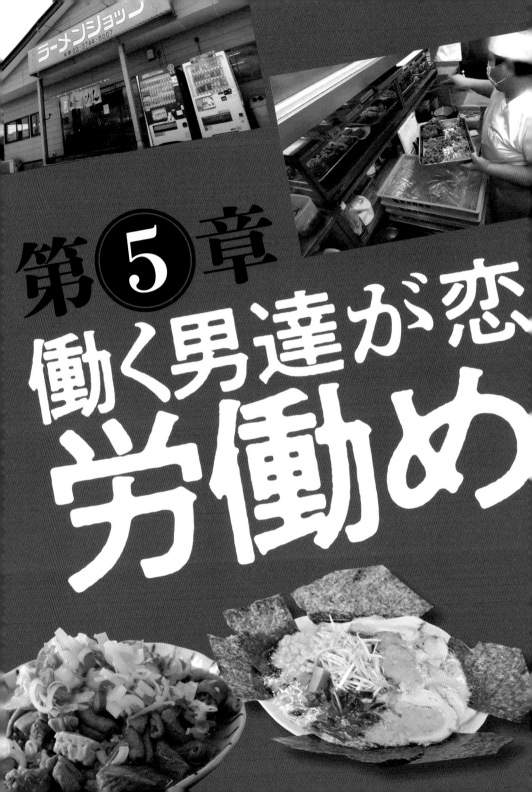

第5章
働く男達が恋
労働め

黙飯
MOKU MESHI

した
し

生きるために汗を流す。
午後からの労働のために、ほおばる。
昼休憩前にどうぞッ!

「労働後の疲れた男達が風呂→めし→酒
をキメる野郎専用の行列サウナ食堂」

黙飯

サウナピア

【店舗情報】

【店名】サウナピア
【住所】愛知県豊橋市神野新田町ヨノ割66
【営業時間】11時30分〜22時30分
【定休日】年中無休

男性専用サウナ施設

サウナ、水風呂、外気浴＋「飯」

　日頃の疲れを癒すべく、サウナに訪れる男達。温室に向かう前に、「奥の席取っといて」と予約をする人も。昨今のサウナブームの影響もあって、常に満員状態。あらかじめ予約をしたくなるのも頷ける。それほどまでに、サウナピアでは「飯」も、整い活動において必須科目なのだ。

　中でも、寒い時期には、湯豆腐と、しょうゆラーメンがよく頼まれるそうで、体の芯を温める、仕上げのひとつとして、あったか飯をビールと共に、胃袋へ流し込むと最高。かじかんだ体をほぐすには、十分すぎる環境だろう。

　湯気に囲まれた極楽には、普段の戦闘服とは違った、サウナ着姿の男達が笑みを浮かべていた。

ホルモン焼き（750円）

ジ ジュージューと、激しい音がするアツアツの鉄板の上で、もやし、ホルモンを一気に焼き上げる。自家製たれに漬け込んだホルモンは、サウナでへこませたお腹にはピッタリ、パンチバツグンの味わいだ。定食にして、米をかきこむのもよし、ビールのつまみにもよし、最強サウナ飯だ。

ミニチャーハン（480円）

シ シンプル・イズ・ベスト。チャーハンにおいては、この言葉がぴったり当てはまる。まさに王道を貫いたチャーハンが、ここで食べることができる。シンプルな具材を、さっと炒め、紅ショウガをトッピング、チャーハンが食べたい、そんな時に舌に浮かぶ味を、再現しているかのようだ。

での**手作り「整い飯」**

考えるな！くつろげ!!

ブームの前から愛されてます!! サウナとともに…

　愛知県豊橋市、昔懐かしい、ネオンが光るサウナ施設「サウナピア」にて、40年、整い男たちの空腹を満たしてきたのが、当店。〝サウナ利用者に最高の飯と酒を提供したい〟そんな想いは、常連に熱波のごとく伝わり、長く愛される、お食事処になったのだ。

　サウナのオープン前から、仕込みは始まる。おでんに、牛筋煮込み、大変な仕込み作業もすべて、常連サウナーのために行われている。サウナ室にも負けず劣らず、湯気が立ち込め始める厨房だが、職人たちは、明るく元気に「整い飯」を仕込み続けている。

　畳の小上がりには、ビールのつまみに、おでんを頬張る人や、週刊誌を読みながら酒を飲む人まで、まさにくつろぎ空間。「いつもお疲れ様です」そんな言葉がこの場所からは聞こえてきそうだ。

はんぺん焼き（150円）

与倉ドライブイン

「大型トラックドライバーが集う国道沿いの盛り盛りな
ドライブイン食堂！」

ドライバーのオアシス

折り返し地点は、ここによらなきゃ！

　長旅も、ここらで一息入れましょう。ギアをRにいれて、駐車した後は、オアシスが待っている。二代目夫婦と、三代目がこの店の味を守る。丁寧な包丁さばきで、仕込まれた食材を、中華鍋で豪快に調理、この店の料理はどれも、午前で消費したエネルギーをチャージしてくれる。運転手のガソリンスタンドとでもいうべきだろうか。お腹を空かせたお客さんたちが、矢継ぎ早に、店を訪れる。厨房内は常にアクセル全開、フルスロットルだ。

ギアを入れなおせ！

店舗情報

【店名】与倉ドライブイン
【住所】千葉県香取市与倉831
【営業時間】11時〜19時30分
【定休日】日曜日

ホンコン飯、塩ラーメンセット（950円）春季限定

キャベツと豚肉を特製ソースとともに炒め、固めに焼いた目玉焼きを載せたホンコン飯、透き通ったスープ、肉厚チャーシューが特徴的なラーメンとの相性も抜群。お腹ペコペコの人にとっては、2つ一気に注文なんてのもよくある話。たくさん頼んで、ペロリと完食だ。

親子丼（760円）

大きめの具材がゴロゴロ入った親子丼は、食べ応えバツグン。贅沢に使った卵の濃厚さと、ダシの相性も素晴らしく、米の消費スピードが異常なまでに早くなる。お米が足りないなんてことにならないように、大きな丼にもかかわらず、安全運転で食べよう。大きな丼を頼む人は皆、ペロリと完食。あっという間になくなってしまうほどの逸品。

トラック野郎の休憩処

午後からも全力で頑張れます!!

駐車場に止められている車両の半数が、大型トラック。そんなトラック野郎御用達、お気に入りの昼休憩スポットが、ここ与倉ドライブインなのだ。朝早くから働き、エネルギーを消費したであろう皆様、注文するメニューもやはり、ボリュームのあるものばかりだ。中には、お昼にも関わらず、ニンニクをトッピングする人まで！午前中の過酷さを物語る一幕だった。しかし、そんな人たちが、口を大きくあけ頬張る姿には、幸せを感じることができた。

与倉ドライブインで働く職人たちも、その姿を糧に、鍋を振るのだろうか。「よし、また頑張るか」ドライバーたちがそんな想いで、店を後にするのを、見守りつつも、店主たちの手は、止まることはなかった。

冷やし中華（720円）

そば谷

【店舗情報】

【店名】そば谷

【住所】東京都板橋区仲宿53－1

【営業時間】金曜　5時～9時　11時～14時／土曜　5時～9時　11時～15時／月曜　5時～9時　11時～20時

【定休日】火・水・木・日

100万再生

朝5時の立ち食いそば屋 この後とんでもない事に...

「3坪8席の立ち食いそば屋。朝5時からまさかの客200人の超絶ラッシュ」

早起きサラリーマンを

仕込みは人知れず...

早朝開店に向け、仕込みは深夜から

　深夜1時、店主が出勤した。そんな店主の一日の始まりは、寸胴でお湯を沸かすところから始まる。「汁がおいしくないと、客が来ない」そばの命ともいえる出汁には、鯖節と、宗田節の二つを使うらしく、二つを出し袋にいれ、じっくりだしを取る。仕込みはこれだけではなく、大人気メニュー「ゲソ天」のために、ゲソを用意。多い日では、5キロほど仕込む日もあるそう。早朝5時、夜のとばりも明けぬ中、お客さんが来店。開店からほどなくして、店は満席になった。日本の朝は忙しい。出勤前の人々を支える、早朝そばが、日本を支えていることは、言うまでもない。

こんでもかと、ふんだんに使われた削り節、濃いめのつゆ、スッキリとした味わいのきつね、揚げ玉たぬきの絶妙で、ずっと箸を止めたくないとさえ思えてくる。この最高の布陣に、紅しょうが天を加えれば、口福感は倍増。紅しょうが天のアクセントが最高。

むじなそば大盛り＋紅しょうが天＋ネギ大盛り（760円）

そば並＋ジャンボげそ天（630円）

まず、節の香りが鼻を通り抜ける。赤黒いつゆが、角の立った麺にからみ、旨みを逃すことなく口に運ぶことができる。そば並だけでも、申し分ないほどの満足感だが、常連さんが好んで頼むのが、ジャンボゲソ天だ。大人気メニューなので売り切れていることも多々。プリプリのゲソとふわふわの衣の食感が非常に新鮮で、朝から元気になるメニュー。

支える立ち食いそば

45秒で提供！遅刻の言い訳にはできないぞ!!

　注文を受けてから、調理開始。麺をテボにいれ、5秒茹でる、つゆをかけ、トッピングを乗せたら完成の超スピードだ。忙しい朝に嬉しいこの速さも、深夜からの仕込みあってこそ、

　店主に感謝し、美味しくいただいて、遅刻せずに仕事に向かいたいものである。朝6時、ピークとも思えるほどの来客で、早朝にもかかわらず行列ができるほどだ。しかし、厨房の従業員たちの連携はぴったりで、スムーズにお店を回していく、まさに職人芸。これから、仕事に向かう人々を〝はやい、うまい、やすい〟で激励してくれているのだ。

　そんな激動の朝を終えても、そば谷の店主一同は黙々と昼の部の準備を始めるのだった。

そば並＋五目かきあげ（580円）

ラーメンショップ北川辺店

朝4時50分開店。

周りは田んぼ。

「関東最速？朝4時50分開店のラーメンショップの平日の朝。」

健康三大要素「早寝

原風景にぽつんとラーメンショップ

　まだ朝靄が立ち込める田んぼ道に、早くも暖簾がかかったラーメンショップ。「最初は夜の時間を増やそうと思ったんだけど、夜勤明けの人とかのためにも朝早くあけることにしました」店主は地域の労働者のために、早朝から、寸胴に火をかける。この店のウリは、体にもいいネギをたっぷり使ったネギチャーシュー麺、栄養満点、朝ラーメンで体を起こしてあげるのが北川辺流。

　最近では、お客さんの要望に応え、塩ラーメンを始めたという北川辺店は「うちの炊き出しのスープと塩の相性が抜群で、塩しか食べなくなった人もいるよ」と朝ラーのトレンドまでも変えたのだ。

店舗情報

【店名】ラーメンショップ北川辺店
【住所】埼玉県加須市柳生204
【営業時間】4時50分〜17時50分
【定休日】日曜日

ネギチャーシューメン（1350円）

ネギ丼（450円）

ラーメンと一緒に食べるべしともいえるネギ丼。ラーメンのお供としての役割を十二分に発揮してくれる、ネギの味付けは、濃すぎず、薄すぎずで、特許レベルのバランス感。ネギチャーシューメンと一緒に食べても平気なのかという声を一蹴してくれる、サイドメニューの質は店の質を表すともいうが、このネギ丼は最高品質、最高のサイドメニューである。

びらのように並べられた肉厚のチャーシューは圧巻。旨みぎっしりのスープがしみ込んだチャーシューを一口食べるだけで、悩みなんか消えてしまいそうだ。楽しみはまだある、辛味が絶妙な味付けネギと、歯ごたえしっかりの細麺を一緒に口へ運ぶ。この瞬間のために今日も働くのだ。

『早起き朝ラーメン』

歯を磨く前に、ネギチャーシュー

朝からネギですよッ！

　目覚ましが鳴り、眠い目をこする。洗面台に向かい、ミントフレーバーの歯磨き粉を…なんて朝ではどうにもならない！そんな日もあるだろう。朝ラーはそんな御仁の味方である。早起きしてハイカロリーなラーメンをすすれば、憂鬱な気分なんて明後日まで飛んでいく。極太のネギと豚骨エキスがしみ込んだスープが特徴の、北川辺のラーメン。今日も朝から、闘魂注入、ネギエキス注入すべく、人が集まってくる。店主はそれに呼応するかのように、丁寧に具材を切り、湯切りをし、盛り付けをする。その働きざまはどこか、これから職場に向かう人へのお手本を見せてくれているかのようだった。

波止場食堂 出田町店

【店舗情報】

【店名】波止場食堂 出田町店

【住所】神奈川県横浜市神奈川区出田町3 港湾厚生センター

【営業時間】6時半〜14時半（土曜日は13時まで）

【定休日】日曜日・祝日

「海の男達の朝めしが凄い。一般人も食べれる驚安ガツ盛り社員食堂」

ワンコインでしっかり食べ

令和の時代に300円均一!! クレイジーすぎるコスパ弁当

横浜の出田町（いずたちょう）——。地元では「でたちょう」と呼ばれることが多い港湾地域で、全域が商業地域に指定されている。物流業を中心に働く人たちが集う出田町の胃袋を満たして人気なのが、『波止場食堂』だ。店主は午前3時頃から仕込みを開始する。開店は6時半。当店は食堂だが、お弁当類が豊富。しかも今どき「300円均一」というクレイジーな値段設定。からあげとコロッケのった「から海苔弁当」、かつとコロッケのった「かつ海苔弁当」はボリューム満点。定番の「さけ海苔弁当」、「さば海苔弁当」、さらに、「かつカレー」、「マーボー丼」、「中華丼」、「かつ丼」と、お弁当の種類は豊富。これを店主は一人で仕上げていく。店内で弁当を食べることも可能。

美味弁当がズラリ並ぶ!!

醤油ラーメン（400円）

ラ　ラーメン一杯1000円が珍しくなくなった昨今だが、同店の「醤油ラーメン」は400円。ワンコインでお釣りがくるのだ。ネギ、ホウレン草、チャーシュー、海苔がのった定番。「ライス」（150円）を頼んでラーメンライスにすることも。「広東麺」（550円）や「ちゃんぽん」（550円）も人気。

豚コロ定食（550円）

当　店の人気メニューのひとつが、「豚コロ定食」（550円）。「まかないでぶつ切りにした豚肉を炒めて食べていたら、お客さんからそれを出して欲しいと言われたのがきっかけです」と店主。ぶつ切りにした豚肉を甘辛の醤油ダレで炒める。食感がよくごはんが進む味だ。豊富なメニューに、「月〜金まで毎日来ている」というスーツ姿の中年男性も。"出田町の社食"的なお店なのだろう。

られる時が止まった店

港湾関係者以外の人も利用可能!! 「儲からない」という店主の心意気

　当店は港で働く人たちが利用する食堂だが、一般の人も利用可能。実際、「最近はサラリーマンのほうが多い」（店主）と、誰からも愛される存在になっている。採算度外視のサービス精神もうれしい。「弁当は300円だから全然儲からない（笑）。でも、物流関係の人とかが毎日買ってくれてうれしい」（店主）という心意気に脱帽だ。300円で弁当を買って「豚汁」（150円）を頼み、店内で弁当ランチを楽しむ客も多い。「納豆」（50円）などのアラカルトも豊富。栄養のバランスを考えて食事がとれる。特製デミグラスソースがかかった「ハンバーグ定食」（550円）は「早めに行かないと売り切れてしまう」（常連のOL）人気メニュー。フライ類は注文を受けてから揚げているのでサクサクだ。

黙飯 MOKU MESH!

ラーメンショップ河辺

【店舗情報】

【店名】ラーメンショップ河辺

【住所】秋田県秋田市河辺諸井大部339

【営業時間】7時〜15時

【定休日】月曜日

100万再生

ガッツリ朝ラーメン

豪雪地帯のタフな男達の朝メシ

「雪国のタフな男達のガッツリ朝メシ。仕事前に朝ラーをキメるタフ男だらけのラーショ」

朝ラーに最適なさっぱ

毎日同じことの繰り返しだけど…それがいい…。

　秋田県秋田市河辺――。雪が降る極寒の早朝4時半、気温は氷点下。ここから店主の一日は始まる。厨房に立ち込める湯気が心地よい。「サラリーマンをやっていたけど、リストラに遭ってラーメン店主になった。初めての業界だったけど、がむしゃらにやってきた。もう20年近くになるかな。週に1度釣りに行くのが楽しみ。もう70歳を過ぎたけど、働くのを辞めてしまったらボケてしまうと思う。毎日同じことの繰り返しだけど、それがいい……」と店主。「ここの味が一番です」と車で40分かけて通う常連もいる。地域住民に愛される名店だ。

114

ネギミソチャーシュウ小（1150円）

チャーシューが絶品!!

店内はコの字型のカウンター席と小上がりが2卓。卓上にはワカメのサービス。「醤油ラーメン」（600円）はネギ、メンマ、海苔、チャーシューがのる。背脂が浮いているため、「あっさりしているけど、味気ないわけではなくコクもある。朝ラーに最適」（常連）。各ラーメンとも「小（麺1玉）・中（1.5玉）・大（2玉）」の3サイズ。

り＆コクのラーメン

店ごとに味が違うラーショ
東北一の呼び声高い河辺

　全国に300店舗を超えるフランチャイズ加盟店を持つ「ラーメンショップ（通称：ラーショ）」。河辺は、東北地方で有名なラーショの雄。スープは「豚骨、ゲンコツ、背骨で出汁を取る」（店主）、麺はストレート細麺。チャーシューは、「とにかく美味しい、柔らかくてとろとろ。噛まないでいい(笑)」と大評判。煮豚を醤油ダレに漬け込んで作る。人気のチャーシューがふんだんにのった「醤油チャーシュウ」は950円（小サイズ）。「ライス」（150円）。人気の「ネギ丼」（300円）は、細切りにしたネギにチャーシューと海苔がのる。特製ダレが病みつきになるらしい。店舗によって味が異なるラーショだけに、河辺の味を是非食べてみてほしい。

チャーシュウつけめん（1000円）

ラーメン飯店 大将

店舗情報

【店名】ラーメン飯店 大将
【住所】北海道広尾郡広尾町並木通東3丁目
【営業時間】11時〜19時
【定休日】水曜日

150万再生
働く男め
1kgチャーハン

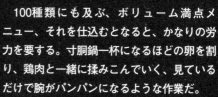

「働く男のガッツリ飯。100種類の盛り盛り料理でみんな幸せ中華食堂。」

驚異の品数のボリュー

仕込みの量もボリューム満点

100種類にも及ぶ、ボリューム満点メニュー、それを仕込むとなると、かなりの労力を要する。寸胴鍋一杯になるほどの卵を割り、鶏肉と一緒に揉みこんでいく、見ているだけで腕がパンパンになるような作業だ。

そんな仕込みを続けて数十年、「変わったのは、俺の性格ぐらい、暗くなっちゃった」と、変わらぬ店の味を守り続けている。「大切なのは裏切らないこと、裏切るのはお客さんじゃなくていつも経営側、だから決めたことはずっと続けているんだよ」

同じお金を出すのなら、この店で食べたほうが得をするようにと始めた大盛りメニューは、最強のエネルギーをくれる、訪れた人は皆、変わらぬおいしさと大きさに酔いしれてしまうのだった。

116

チキンソテー定食(1180円)

ソース焼きそば(1030円)

プリプリの鶏肉の上に、贅沢にたっぷりチーズを乗せ、とろけるまでじっくり焼く。ソースは、にんにく・バター・酒・醤油・パセリを使った手作りのもの。絶対に美味しいことがわかる組み合わせだ。運ばれてくるなり、深みのある香りが鼻を突き抜ける。永遠に食べていたいと思わせてくれる一品だ。

お腹いっぱいで動けなくなりそうなほどの、ボリュームのソース焼きそば。贅沢に麺を大量に投入、濃厚ソースをいれ、具材と一緒に高火力で炒め上げる。盛り付けには、しっかり焼かれた目玉焼きが上に乗る。あまりの相性の良さに、口に運ぶスピードが全く落ちない。完食した時初めて、自分が満腹であることに気づく。それほど夢中にさせてくれる絶品やきそばだ。

ム満点食堂

机一杯に広がる!

鍋の重さはスーパーヘビー級

オムライス、焼きそば、チャーハンどれを取ってもそのボリュームに驚かされる。

当然、調理するとなれば、使う食材の量も半端ではない。チャーハンを炒める際には、鉄鍋の重さは、数キロにもなる。鉄鍋を振るにも一苦労だ。

そんな努力と愛が詰まったボリューム料理には、お客さんも大喜びで、テーブルに食事が運ばれてくると、皆、笑顔がこぼれている。「美味しそう〜」そんな声が一日に何回も聞こえてくるのだ。真心もボリュームたっぷりだ。

満腹食堂

【店舗情報】

【店名】満腹食堂

【住所】北海道函館市入舟町6─21

【営業時間】11時〜18時

【定休日】無休

▶「港湾労働者ガッツリ朝社食めし。朝からフル回転の港のガツ盛り食堂」

朝からガッツリ食いたい

気分次第で変わる 日替わり朝食

たくさんお食べッ！

　この日の朝の仕込みは、みそ汁、目玉焼き、ベーコン。これは、満腹食堂近くの企業に頼まれ行っている、社員朝食の準備である。「毎日メニューは違う。その日の気分次第だね」と、飽きられないようメニューに工夫を加えている。配膳はセルフサービスで、仕事前に気合を入れたい人達はライスを山盛りに盛り付ける。それでも値段は変わらない。

　「値上げや、食材をケチったりはしない。だから利益なんてない、儲かる商売をしたことがないんだ（笑）」と、笑顔を見せる店主の想いは常に〝お客さんのために〟があるように思えた。その働き様を朝からチャージしたいものだ。

やきそば大盛り（900円）

（大）盛りってどんな量が来るんだろう」注文したお客さんも興奮が隠せない様子だ。ゴロゴロと大きな具材を焼きそば麺とともに炒める、味が染みたソースが多めの焼きそばだ。テーブルに運ばれるなり、お客さんも思わず一言「美味しそう!!」笑顔が止まらない様子で、ほおばる皆さん。満足度の高い逸品。

カツ丼（900円）

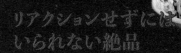

（厨）房では、サクサクと音がこだまするほどカラッと揚がったカツが切られている。特製出汁と共に炒められた玉ねぎの上にカツをのせ、トロトロ半熟の卵でとじる。どう考えても旨い、そう思えるビジュアルが堪らない。注文を受けてから揚げる、サクサクカツを、ぜひ召し上がれ。

あなたのためし

オムライス（850円）

リアクションせずにはいられない絶品

　朝定食の時間が終わると、営業がいよいよ始まる。先ほどまでの仕込みとはまた違った仕込みを始める。営業開始すると、お客さんですぐにいっぱいに、さらには、出前の電話も鳴りやまない。忙しさはピークの模様だ、しかし店主をはじめとする職人は、顔色一つ変えずに注文をさばいていく。

　楽しみに待っている料理が来るやいなや、各々の喜びの表現方法で、嬉しさを爆発させている。満腹食堂に訪れた際には、周りのお客さんの声が自然と聞こえてくる。

　あなたは、頼んだものが来たときリアクションせずにいられるだろうか。

黙飯
MOKU MESHI

二本松バイパスドライブイン

店舗情報

【店名】二本松バイパスドライブイン
【住所】福島県二本松市長命60—2
【営業時間】24時間営業
【定休日】年中無休

50年24時間3交代で職人がチャーハン作る食堂

想像以上にヤベェ...

▶「50年24時間フル回転で野郎達の腹をパンパンにしてきた24食堂がヤベェ」

チキンカツ定食(900円)

ホルモン(煮込み)定食(790円)

24時間営業&年中無休‼ "鉄人オペ"の店

福 島県二本松市にある国道4号線のバイパス道路近くに店を構える当店。サウナやマッサージルームも併設。3交代系で職人が腕を振るう24時間営業&年中無休の鉄人仕様がうれしい。店内は広い座敷など、昭和レトロな雰囲気なのもグッド。

ホカホカのごはんおが代わり自由 豚&鶏ガラで出汁の麺類も充実‼

　麺類の他、カレーや炒め物にも隠し味として使用するスープは、豚ガラと鶏ガラでしっかりとる。人気の白モツの煮込みは味噌ベース。下処理をしっかりしているため、臭みはゼロ。噛むと柔らかく味が染みている。ごはんのお代わりは自由。「チャーハン」(660円)は間違いない昭和王道系の味。「ラーメン」(520円)は優しい醤油味。常連絶賛の野菜たっぷりの「タンメン」(640円)も美味。

朝定食(650円)

館の丸食堂

胃袋も心も満たされる秋田の名店‼

ラーメン450円。爆盛り食堂。

「そもそも米が美味い秋田で大盛りご飯が嘘みたいな量の無双状態の大衆食堂。」

【店舗情報】

【店名】館の丸食堂
【住所】秋田県秋田市浜田館ノ丸51
【営業時間】7時〜19時半
【定休日】日曜日

地元あきたこまちをテンコ盛り
ごはんもオカズも絶品の名店‼

　秋田県秋田市、創業昭和40年──。お昼時には行列ができる人気店。地元の『あきたこまち』を炊いたごはんの大盛りは「日本昔ばなし仕様」の爆盛り。普通盛りが通常店の大盛りだ。広い店内はテーブル席、小上がり、カウンターがそろう。具材たっぷりの「ホルモン定食」（900円）が人気。お得な「ラーメン＋半ホルモン＋半ライス」（950円）も看板メニューだ。昼時には行列ができる。

ホルモン定食（ごはん大盛り）（950円）

チャーシューメン（850円）

　人気の「ラーメン」は、ナルト、メンマ、ネギ、チャーシューに煮卵がついて価格破壊の550円。「チャーシューメン」は700円。煮干しと昆布でとったスッキリ魚介系スープ。寒い時期には、白菜、豚肉、お麸、豆腐、卵が入った「肉鍋定食」（800円）も爆売れ。「からあげ定食」（950円）も人気。

第⑥章 シークレ

知る人ぞ知る名店ここにあり
あけてみてのお楽しみ、
動画未公開の名店をめしあがれッ

黙飯
MOKU MESHI

ッ卜店

ラーメンショップ 牛久結束店

一日八〇〇人来客！！！誰が呼んだか『日本一のラーメンショップ』

ネギチャーシューメン（890円）

海苔増し（50円）

深 いコクがありながらも、しつこすぎない背油が、自家製、細めのストレート麺に絡みつく。箸が止まらなくなるのは言うまでもないだろう。加えて、極厚ながらも、柔らかいチャーシューと、シャキシャキのネギの食感のバランスが最高だ。100円の半ライスを頼んで、スープが染みた海苔を巻き、バクバクかきこむのも王道の食べ方。豪快にわんぱくに食事を楽しみたい方にはぴったりだ。

なんで日本一って言われてるのか分からないんです。

こだわりの自家製麺と、ライトですっきりとしたスープが人気で、店内は常に大盛況。

そんなお客さんを、オープンキッチンで相手するスタッフの連携技は、熱気が伝わるほどのライブ感で、待ち時間さえもアトラクション気分で楽しめる。さすがは、ラーメン好きの間で「日本一のラーメンショップ」とも呼ばれている店だ。しかし、女将さんは「お客さんがつけてくれたと思うんだけど、日本一ってなんでだろう（笑）」と謙虚な様子。「まだまだおいしくなると思う。研究は辞めません」

日本一のその先の一杯、是非ともすすっていただきたい。

【店舗情報】
【店名】ラーメンショップ 牛久結束店
【住所】茨城県牛久市結束町504-1
【営業時間】10時45分〜23時30分
【定休日】12／31のみ

百亀楼

【店舗情報】
【店名】百亀楼
【住所】東京都北区上中里1丁目47－34 旭屋
【営業時間】平日／11時～14時30分 17時～21時 土曜日／11時～20時
【定休日】日曜日

破天荒に店と常連を愛する店主が一番の人気メニュー。

朝鮮焼き（970円）

テ ーブルいっぱいに広がるお皿の数々。これでもかと乗せられたシンプルな豚肉炒め。ニンニク風味と塩ダレの相性はバツグンだ。茶碗いっぱいに盛られた米と、キャベツと一緒に食べている内に、あっという間に完食。七味やマヨネーズをかけるのもオススメ。

チャーシュー麺（950円）

数 え切れないほど敷き詰められたチャーシューに、透き通ったスープ。食べなくてもわかる"ご飯は旨い"。いざ、麺をすするとどうだろう、想像以上の旨みが口に広がる。お次に、ホロホロと柔らかいチャーシューを食べると、全ての疲れが吹っ飛ぶのだ。

顔出しはNGだよ。謎の人物でいたいからね（笑）

常連客でにぎわうこの店。味はもちろんだが、みな口をそろえて「井上さんに会いに来た」と店主の人柄を愛している様子。創業70年の店を守る、井上さんのモットーは、"いつも来てくれる人を大切に。「集客じゃない、常連さんが困ると嫌なんだよ」人付き合いを重んじる井上さんは、食材の取り寄せも馴染みの店から行っている。最後に語った言葉に店主の魅力が詰まっていた。「この年になると金じゃないんだよ」と常連に愛される秘訣を垣間見せた。

立喰そば 新角

【店名】立喰そば新角
【住所】東京都葛飾区高砂5−36−1
【営業時間】平日9時15分〜24時　祝日9時15分〜20時
【定休日】日曜日・月曜日の祝日　他不定休あり

日本のすべてが詰まった至高の一杯

奇をてらわずに、他の店と違うことを

　立ち食いそばの老舗「新角」。かつて裏手のバス通りにあったというこの店は、移転を経てなお、地元の常連たちに愛されている。これほどまでに愛される理由の一つは値段の優しさ、女将さんは「家族で切り盛りしているのと、お客さんが、私たちが潰れないよう、たくさん来てくれてるおかげ」とお客さんのおかげで優しい値段で提供できると謙虚だった。

　値段だけでなく、味への探求心も人一倍で、山菜をご夫婦で採りに行ったり、全国各地に脚をのばし、旬の食材や、珍しい味を探しに出かけるそうだ。お店が愛されるための基本中の基本「味と値段」、そこへ熱意が他との差をつけるのだろう。

　みんな大好きラーメンとカレーのセット、その究極形ともいえる味わいを堪能できる。ラーメンは王道の中華そばで、どこか懐かしく、カレーは王道の中に、そばの出汁が効いた新鮮さを感じることもできた。懐かしさと新鮮さのダブルパンチである。

ラーメン小　カレーセット（730円）

　ばの命ともいえる出汁には、ムロアジ節、宗田鰹節、鯖節を使用している。こだわりの出汁は、濃いめのお汁、胃袋を掴まれるような匂いが立ち上る。細い生そばののど越しがツルツル、歯ごたえもしっかりとあり、バツグンのコシだ。

紅しょうが 天そば（500円）

Staff

監　　修	黙飯 MOKUMESHI TOKYO
編集・構成	21世紀BOX（鈴木実）
	双葉社（當山洋人、栗原大）　石井貴明
デザイン	鈴木徹（THROB）

※掲載している各店舗の営業日・営業時間、商品の値段などは
変更になる場合がございます。

黙飯
もく　めし

男のグルメガイド
おとこ

2024年2月24日　第1刷発行

著　者 ———— 黙飯 MOKUMESHI TOKYO

発行者 ———— 島野浩二

発行所 ———— 株式会社双葉社
〒162-8540　東京都新宿区東五軒町3番28号
[電話] 03-5261-4818（営業）
03-5261-4827（編集）
http://www.futabasha.co.jp/
（双葉社の書籍・コミック・ムックが買えます）

印刷所・製本所 — 中央精版印刷株式会社